家庭心理健康指南

孩子一生幸福的基石

卿子俊 主编

中国纺织出版社有限公司

图书在版编目（CIP）数据

家庭心理健康指南．孩子一生幸福的基石 / 卿子俊主编．--北京：中国纺织出版社有限公司，2024.8.
ISBN 978-7-5229-2114-3
Ⅰ．G444-62；G78-62
中国国家版本馆CIP数据核字第2024R5X279号

责任编辑：李凤琴　　责任校对：王蕙莹　　责任印制：储志伟

中国纺织出版社有限公司出版发行
地址：北京市朝阳区百子湾东里A407号楼　邮政编码：100124
销售电话：010—67004422　传真：010—87155801
http://www.c-textilep.com
中国纺织出版社天猫旗舰店
官方微博 http://weibo.com/2119887771
北京华联印刷有限公司印刷　各地新华书店经销
2024年8月第1版第1次印刷
开本：710×1000　1/16　印张：14
字数：202千字　定价：59.80元

凡购本书，如有缺页、倒页、脱页，由本社图书营销中心调换

编委会

主　编：卿子俊

副主编（排名不分先后）：

　　吕红霞　周　玫　范皑皑

编　委（排名不分先后）：

　　陈　豪　陈　熙　高琰妮　苟开贵　何杨芳　李　丹　李　玲
　　任美洁　汪　倩　王　璐　魏　娜　吴玉婕　张艾娜　张　芃
　　张睿琪　周　玲　周　宇　陈　琴

序言

孩子的心理健康，不仅关乎其个人的幸福与成长，更是一个家庭乃至社会和谐发展的重要基石。我们深知，一个心理健康、充满自信的孩子，在面对生活的挑战时，会更加坚韧不拔、勇往直前。因此，我们精心编写了这本《家庭心理健康指南：孩子一生幸福的基石》。

本书从家庭教育的角度出发，深入剖析孩子在成长过程中的心理需求与变化，围绕自我认知、学习能力、人际关系、情绪调试、生涯规划以及生活和社会适应六大核心领域，为家长们提供了科学、系统的指导策略。我们希望通过这些策略，帮助家长更好地理解孩子，与孩子建立更加紧密的亲子关系，共同面对成长中的挑战与机遇。

在"自我认知"部分，我们强调了帮助孩子建立自信、探索兴趣爱好以及提高自尊的重要性。我们深知，一个对自己有清晰认知、充满自信的孩子，更能够在人生的舞台上展现自己的风采。因此，我们提供了多种方法和技巧，帮助家长引导孩子正确认识自我，发现自身的优点与潜力，从而培养他们的自信心和自尊心。

学习能力是孩子未来成功的关键。在"学会学习"部分，我们探讨了游戏化学习、学习内驱力的建立、注意力的提高、考试压力的管理以及高效学习方法和技巧的应用。我们相信，通过科学的学习方法和有效的管理策略，孩子能够更加轻松地应对学习压力，享受学习带来的乐趣与成就感。

在"人际关系"部分，我们详细介绍了如何培养孩子的同伴关系、减少青少年人际冲突导致的心理困境、做好家校沟通以及引导孩子应对冲突的方法。我们希望通过这些指导，帮助孩子建立良好的人际关系，培养他们的社交能力和团队协作精神。

在"情绪调试"部分，我们针对孩子生气、父母焦虑、青春期情绪管理以及积极情感习惯的培养等问题，提供了实用的建议和策略。我们希望通过这些方法，帮助孩子学会合理表达情绪、调节情绪，培养他们的情绪管理能力。

在"生涯规划"部分，我们探讨了如何与孩子一起制订学习计划、激发孩子的好奇心以及高中生涯规划等话题。我们希望通过这些指导，帮助孩子明确自己的目标，为未来的职业发展打下坚实的基础。

在"生活和社会适应"部分，我们关注了孩子沉迷手机游戏、感恩教育、高中生活的平衡与时间管理以及处理青春期情感变化等问题。我们希望通过这些内容的探讨，帮助孩子更好地适应社会环境，培养他们的责任感和独立能力。

总之，本书旨在通过全面、实用的家庭教育指导，帮助家长更好地理解孩子、支持孩子，与孩子共同成长。我们相信，在家长的关爱与引导下，孩子们一定能够拥有一个健康、快乐的童年，为他们的未来奠定坚实的基础。

卿子俊

2024年10月

于成都

目录

第一辑　引导孩子认识自我，建立身份认同　|　001

重塑亲子沟通，让孩子自信成长　|　002

如何精准捕捉孩子的兴趣爱好　|　007

帮助孩子认识自我，接纳自我　|　013

帮助孩子建立高水平的自尊　|　019

打开格局，提升孩子的自我认知　|　025

第二辑　让孩子学会自主学习　|　031

游戏化学习法，让学习变得有趣又高效　|　032

激发内驱力：从"要我学"到"我要学"　|　040

学习不走神的秘诀：提高注意力　|　046

不要让考试压力影响孩子的自信和心情　|　053

高效学习法助力孩子成学霸　|　061

有效管理社交媒体和屏幕时间　|　067

第三辑　帮助孩子建立健康的人际关系　|　073

帮助孩子拥有良好的同伴关系　|　074

缓解人际关系带来的困扰　|　080

如何与老师高情商沟通　|　086

引导孩子合理应对人际冲突 | 091

帮助孩子构建健康的人际关系 | 099

帮助孩子应对同伴压力 | 104

第四辑　关注孩子的心理情绪 | 109

当孩子生气时，我们该怎么办 | 110

做不焦虑、不内耗的父母 | 116

破解青春期孩子的情绪管理密码 | 122

如何培养孩子的积极情感 | 129

孩子抑郁了，父母怎么办 | 137

第五辑　做好孩子的生涯规划 | 141

与孩子一起制定学习规划 | 142

培养孩子的好奇心有多重要 | 151

让孩子学会时间管理 | 158

帮助孩子做好生涯规划 | 165

孩子专业方向的选择要趁早 | 171

第六辑　提高孩子的适应能力 | 175

如何帮助孩子适应新学校 | 176

孩子沉迷手机游戏怎么办 | 181

给孩子最好的感恩教育 | 186

引导孩子学会平衡学习与生活 | 193

陪伴孩子度过青春期情感变化期 | 202

第一辑

引导孩子认识自我，建立身份认同

01

们的意见和决策。

第三，表达清晰和坦诚。父母要以清晰的语言和坦诚的态度与孩子交流，避免模棱两可和隐瞒真相。

当孩子在表达他的情绪的时候，我们要去接纳他的情绪，对孩子进行积极的倾听，不打断或者是批评。积极倾听最重要的一点就是要尊重对方的意见，当孩子在描述事件的过程和经过的时候，我们不要着急去抓住孩子的一个缺点进行放大，这样会不利于孩子进行清晰的表述，也不利于我们去了解整个事件的过程。

首先，在孩子表达完情绪后，对孩子表示我能理解你现在的感受，我也能感受到你现在的愤怒伤心和难过害怕。这个时候孩子的情绪就已经在慢慢地平复下来了，我们可以问孩子需要我们的支持和帮助吗？当孩子的情绪慢慢平复下来以后，我们再回到问题的本质，让孩子去思考解决的方法。

其次，我们要表示理解和通过肢体语言和表情表示对他的关注。比如说，在孩子表达的时候或者在进行情绪发泄的时候，我们可以握着他的手或者轻轻揽住他的肩膀，默默地看着，并不时地给出：嗯、哦、对、是的、我也这样想等语句来表达你的感同身受。

当孩子表述完一件事的时候，你可以帮助孩子来澄清他现在的一些想法，比如说，他现在就对这个事情非常生气，那你要告诉他，你对这个事情还有其他的感受吗？让孩子把他更多的想法和感受表达出来。

最后，积极肯定孩子的努力和成就，鼓励孩子并让他们感受到被认可和赞赏。用温暖而有力量的语言表达对孩子的爱和关心，给予适当的安慰与支持，让他们感受到被爱的安全感，比如说，当孩子在表达一个事情的时候，即使这个事情他做得不妥当，那么我们可以用什么样的方式来肯定孩子呢？我们可以告诉孩子，我已经了解到你对这个事情的真实看法了，对于你能敢于承认，我就觉得你是很棒的。通过这样的方式去肯定孩子端正的态度，也是对孩子的一种积极肯定。

我们还需要积极肯定孩子的努力和成就，我们可以在孩子成绩略有提高的时候，哪怕是一分，我们都应该肯定孩子的努力，告诉孩子我相信你这一次的成绩有所提高，一定是你这段时间的努力换来的，我也看到了你的努力，你每天都很认真地完成家庭作业，并且积极地进行预习，这都是你努力的成果，我相信你会越来越棒的。

怎么去鼓励孩子尝试新鲜的事物和挑战呢？我们可以这样告诉孩子：上次我们去爬山的时候，我看到你既想去玩玻璃栈道又感觉害怕，所以没有去尝试，其实我也很害怕，要不我们约一个时间，一起去挑战一下？

我们已经了解了有效沟通的重要性以及沟通的关键点，那么我们来感受一下真实案例。

案例1：前一天晚上，妈妈加班晚归，第二天早上孩子兴冲冲地跑到妈妈床前说：妈妈，天亮了，你可以起床了。妈妈生气地说，你快走开，然后翻身蒙头继续睡觉，孩子失望地走开。

这个妈妈没有感受到孩子的期许，也没有有效地控制自己的情绪，而是让孩子感受到失望甚至有可能让孩子觉得妈妈不爱他。

这个时候爸爸来了，你看爸爸是怎么做的？

爸爸抱着孩子说：妈妈上班辛苦了，让妈妈多休息会儿，她下午才有精力陪着你一起去骑自行车寻找蚂蚁的家啊，现在你想和我一起玩儿一些其他的什么游戏吗？

孩子说：那我们一起去买菜给妈妈做点好吃的，犒劳一下她吧。

在这个案例当中，妈妈没有给到孩子稳定的情绪，让孩子感受到的是被冷落，而父亲在这个时候抱着孩子，给予了孩子力量，并对孩子的失望进行了澄清——妈妈上班辛苦，所以妈妈需要多休息，下午妈妈才有精力陪你一起玩。澄清了孩子的误会，妈妈也能得到有效的休息，还继续陪着孩子一起玩其他游戏，转移了他的情绪，并引导孩子思考。父亲在这个家庭当中的角色，不仅让妈妈有力量感、支撑感，也让孩子感受到了爸爸的爱以及爸爸的陪伴，并且能锻炼孩子在家庭当中去承担一些相应的角色，培养其积极地解决问题的能力。

案例2：周末，孩子正在兴高采烈地和同学聊天，妈妈说：你还不去做作业，天都黑了，你这样怎么能考上重点高中呢？孩子的情绪突然就跌到了谷底。这个时候爸爸是怎么做的？

爸爸说："没关系，你好好跟同学说，你还有作业要做，晚点再聊，早点做完还可以再继续聊一会儿。"

孩子对着爸爸微微一笑，然后跟同学们又聊了两句后，迅速地去完成了作业。完成作业以后，还和同学们一起交流了今天语文作业的预习情况和明天有哪些难点。明天有哪些需要在课堂上解决的问题。

这个爸爸的处理方式，没有用武断的方式立刻让孩子放下手中的手机，而是先告诉孩子方法，缓和了孩子的情绪。他告诉孩子做事情需要分一个先后顺序、轻重缓急，做好了时间管理，我们就可以实现短暂的时间自由，爸爸的精明之处在于给予孩子正确的方式，让孩子更能够接受，让孩子有期许感，让孩子感受到了被尊重。

案例3：孩子放学回家全身脏兮兮的，妈妈看着忧心忡忡地说：你是去学校刨煤炭的吗？你看你这个样子，以后只能去当矿工了。孩子瑟瑟地站着听妈妈的数落。

旁边的小姨搂着孩子的肩膀说：今天和学校的伙伴儿玩得一定很开心吧。你们最近都玩什么游戏了呢？可以跟我分享一下吗？

孩子开心地和小姨讲述，今天在学校和同学们一起帮助老师清理了体育器材，并在花台里种了花，所以才把衣服弄得这么脏。

小姨给孩子竖起了大大的拇指：你是一个非常勤奋且乐于助人的孩子。你去帮助老师做了这么多的事情啊，今天真的是辛苦你了，希望你以后都可以继续保持哦。

小姨并没有先评价孩子，给孩子下定论，而是引导孩子讲述事情的原委，在孩子表达下澄清了事实，给孩子更多的是鼓励，并对他的劳动成果进行了认可，这样可以帮助孩子建立勤奋感。

通过以上3个例子，你学会了怎样有效地和孩子沟通吗？

首先，我们要积极地倾听和理解孩子的感受和想法。

其次，我们要尊重和接纳孩子的情绪。

最后，我们在与孩子交流的过程当中，要表达清晰，要坦诚，不能直接表达态度，也不要随意地给孩子下定义，随意地评价孩子，给孩子贴标签。

希望在未来的家庭养育旅程中，大家都能和孩子建立良好有效的沟通，让家庭关系变得越来越好。

如何精准捕捉孩子的兴趣爱好

家长们了解孩子的兴趣爱好吗？兴趣爱好可以给孩子带来哪些帮助呢？如果有的孩子说我没有兴趣爱好，那么家长又怎样来帮助孩子找到他的兴趣爱好呢？

兴趣爱好是一种内在的驱动力，可以让人感到充实和快乐，通常具有10个特点。

（1）个性化：每个人的兴趣爱好都是独特的，受到个人经历、性格、兴趣和价值观等多种因素的影响。这种个性化的特点使得兴趣爱好能够体现个人的独特性和个人魅力，比如，有的孩子喜欢弹古琴，有的孩子喜欢学街舞，有的孩子喜欢写书法。

（2）自发性：兴趣爱好是自愿参与的活动，不像工作或学习那样是出于外在的压力和义务。这种自发性使得人们在兴趣爱好中更加自由和舒适，更能够充分地表达自己。喜欢画画的孩子会在心情低落的时候，拿起画笔画上一幅画，喜欢音乐的孩子可能会在开心的时候一展歌喉。

（3）快乐性：兴趣爱好通常是人们乐于从中获得快乐和满足的活动。在兴趣爱好中，人们可以尽情地追求自己喜欢的东西，感受到快乐和满足，从而缓解压力、增强身心健康。

（4）多样性：兴趣爱好种类繁多，涵盖了文化、体育、艺术、科技等各个领域。人们可以根据自己的兴趣和爱好选择参与不同的领域，体验不同的乐趣和收获。

（5）知识性：许多兴趣爱好具有知识性，例如，阅读、写作、学习、研究等，这些活动可以让人们不断学习和成长，拓宽自己的知识面和眼界。如旅游这项兴趣，它也是一种学习，学习当地的风土人情，学习地貌特征等。

（6）社交性：许多兴趣爱好具有社交性，可以拓展社交圈子。孩子需要多参加一些学校的社团活动以及社区的活动，在活动中孩子可以与志同道合的朋友敞开心扉，彼此陪伴。在青春期的阶段，同伴关系远高于亲子关系，同伴关系是青少年满足社会需要、获得爱和尊重的重要源泉，青少年在同伴关系中获得的交往经验也影响其自我概念的形成和人格的发展。

（7）持久性：兴趣爱好与工作或学习不同，兴趣爱好可以让人一生受益，让人们在生活中始终感受到快乐和满足。我们看到许多年迈的老人，仍然有一份自己的兴趣爱好，保持着对生活的热爱。这也是一种乐观积极的生活态度。

（8）独立性：兴趣爱好通常不受他人干预和影响，可以独立进行。这种独立性可以让人们在活动中更加自由和独立，发挥个人的创造力和想象力。比如，3岁的小朋友可以自己玩积木；青春期的孩子可以自己画漫画、自己跑步。

（9）丰富性：兴趣爱好可以让人们体验到不同的文化、习俗、风格和价值观，从而丰富自己的生活和视野。

（10）坚持性：兴趣爱好需要人们付出持续的努力和时间，从而提高自己的技能和水平。这种坚持性可以让人们在活动中不断进步和成长，体验到成就感和自豪感。很多家长给孩子报兴趣特长班，更多的是希望孩子能够坚持把它学好。

我们来看兴趣和职业生涯的关系。职业生涯是一个人长期的发展过程，在不同的发展阶段，个人有着不同的人生追求。在美国心理学家金斯伯格看来，青少年要不断地尝试，认真探索各种可能的职业选择。初中阶段是青少年身心发展的重要时期，更是职业探索的黄金期，这一时期青少年身心状态发生着巨大的变化，他们对世界充满好奇，渴望探索内心世界，自我意识逐渐觉醒。对青少年的职业规划引导能让他们全面认识自我，发现自己的兴趣、性格、能力所在，在探索职业兴趣的过程中树立职业规划意识，并不断增强职业规划能力，从而避免他们在面临职业选择时的迷茫状态。

参加过《乘风破浪的姐姐3》的北京大学考古系的刘恋，从小到大都是学霸。她从高中时期就开始玩音乐，音乐对她来说不仅是爱好，更是一种自我调节和放松。由于对音乐的热爱，进入学校后她开始参加吉他社团，参加校园歌手大赛。在大二那年,她与北京大学教职工杜凯组建了乐队,从此开启了创作、驻唱,充满未知与挑战的大学生活,并一举拿下第28届金曲奖最佳演唱组合奖。本科毕业时,她又以专业第一的成绩,拿到北京大学考古系唯一一个保研名额,但她一心喜欢音乐,甚至还为此放弃了保研的机会!她说:"其实当时已经比较明确自己想要什么了,音乐对于我的重要性是保研不能比拟的,现在的人生也是保研保不出来的。"

还有青年作家张悦然,现在是中国人民大学文学院副教授,大学是计算机专业的,在大学期间开始写作,刚开始并没有想到会成为一个作家,只是把写作当成一种兴趣爱好,边写书边想放弃,慢慢地,很享受地写完第二本书、第三本书,她说:不要放弃你的兴趣,和它长期做伴,让它成为你的火种。

每个人的成长之路本就是不断寻找自己的过程,每个阶段的你,也可以有不一样的精彩!

如果我们能给孩子提供一个进一步了解自己和认识自己的机会,引导他们在结合自身特点和喜好的基础上去规划自己的未来,那么他们在做出选择的时候自然就会更加从容、坚定,将来他们也更有可能从学习和工作中获得更大的乐趣和满足。

兴趣爱好对于孩子的成长和发展非常重要。它不仅可以丰富孩子的生活,还能培养孩子的才艺和个性,有助于孩子全面发展,有益于发现孩子的天赋,有助于人际交往和社交能力的提升。那么,如何帮助孩子找到自己的兴趣爱好?如何保持学习与兴趣爱好的平衡呢?

1. 关注孩子日常生活中的细节

家长可以通过提供丰富多样的体验,让孩子接触不同的活动和领域,这样便于观察他们感兴趣的点。怎么做呢?家长要善于观察孩子:在孩子游戏时,往往能显现出她对哪些项目最热衷、最拿手,也最能发挥出她的潜能。比尔·盖茨的爸爸有一次说,他很早就发现了他大女儿的长处。孩子小时候,他带孩子们去迪士尼乐园玩,当时大女儿才10岁,出门时便懂得带一个小本子记账,花的每一分钱都记下来。回家后,她把皮包里的零钱倒出来,跟本子上的账目一核对,一分钱都不差。他和太太两人相视而笑,心中雪亮:这孩子将来是当会计师的料儿!于是,他就从这方面引导大女儿,凡是小区义卖，都叫这个女儿管账，女儿把账管得很清楚，赢得很多人的赞美。别人的赞美声越多，孩子做得越起劲，这种正回馈的循环，果然使他的女儿长大后成了有名的会计师。只要在日常生活中对孩子多加观察，就会发现孩子与别人不同的地方。

2. 尊重孩子的兴趣爱好

父母在发现孩子的特长爱好时，很容易带着大人的评判，就比如说，很多成人认为孩子只有喜欢画画、钢琴、数学才叫喜欢。大家看过《小舍得》吗？里面田雨岚的孩子子悠喜欢昆虫，聊起昆虫来，子悠眼睛里都是光。但是他把自己想当"生物学家"的想法告诉妈妈，却被说成不切实际、天方夜谭。子悠想要踢足球，田雨岚非说踢足球没有用，这时间不如多做几套卷子。

在与孩子交流的过程中，家长要特别注意不要轻易为孩子做判断。比如，"我觉得学另一样更好"或"我觉得你没有这方面的天赋"等断言性的结论，都应谨慎使用，以免打击孩子的自信心，限制他们的探索空间，持续支持与引导让兴趣成为特长。找到孩子真正的兴趣所在，下一步就是要帮助他们将这份兴趣转化为特长。父母应该看到孩子的长处，并鼓励孩子发展这些兴趣，因为在科技发达、世界多元化的今天，在任何领域"玩"出名堂的人都有饭吃。所以，父母不要截长补短，而是要不断发挥孩子的优势，父母要打开自己的思维，提升自己的认知，只有这样，才能为孩子兴趣爱好的发展提供条件。

3. 为孩子提供丰富的资源和机会

现在的社会经济发展水平越来越好了，家长可以给孩子提供多样化的机会，不要只局限于一个或两个活动。可以带孩子去参观博物馆、艺术展览等，让他们接触到不同的文化和艺术形式。同时，还可以鼓励孩子参加一些兴趣班或俱乐部，如音乐、舞蹈、绘画等，让他们有更多的机会去尝试和发展自己的兴趣爱好。当孩子的技能达到一定的水平时，家长要为孩子创造展示和交流的机会。比如，带孩子参加各类比赛、展览或演出等活动，让他们在实践中锻炼自己的能力，拓宽视野。这些经历不仅能提升孩子的自信心和表达能力，还能帮助他们结识更多志同道合的朋友。

4. 父母要有静待花开的心态

孩子的兴趣爱好是动态发展的，一个孩子，他3岁的时候超级喜欢车，各种各样的车；4岁的时候喜欢动物和乐高；5岁的时候喜欢军事和作战小人。当然，目前我观察下来唯一贯穿好几年的就是画画，他喜欢画画，但也并不是一天到晚画不停的那种人。即便是他最爱的画画，他也有不想画的时候；即便曾经如痴如醉的乐高，这半年他都"冷落"人家好久了。从儿童心理学的角度看，这些都非常正常，除了部分天才儿童，会对自己的热爱有超出常人的坚持，绝大部分的孩子，就是会不停地切换自己的喜好，直到青少年时期，他们的爱好才可能真正稳定下来，进而进入痴迷的"钻研"阶段。

就像网球传奇费德勒一样，他小时候什么球都玩，并没有展示出对网球的特别热爱。费德勒玩到十一二岁，才决定在足球和网球之间选择网球，一直到16岁，费德勒才开始真正的专业网球训练。

《范围》一书的作者爱泼斯坦认为，费德勒成长的关键在于，他有一个"尝试期"，在真正的热爱稳定下来之前，他有好几年的时间尝试各种感兴趣的项目。

爱泼斯坦还提到一个有意思的研究，他说，对英国一个寄宿制音乐学校的研究表明，那些被判断为出类拔萃的学生，小时候一般会接触至少三种乐器，到后来才选定一种；而水平一般的学生，则是从小就被家长选定了乐器。

换句话说，家长为孩子早早选定的"爱好"，反而很难做到"出类拔萃"，在这件事上，着急不得。

5. 父母参与其中，并引导思考

作为家长或监护人，你也可以尝试参与一些活动，陪伴孩子一起学习和实践，让孩子看到你是多么享受这些活动，这可能会激发他们的好奇心，想要尝试这些活动。与孩子讨论他们的日常活动、学校经历以及他们在阅读、观看和参与某些活动时的感受，这有助于他们理解自己的兴趣爱好是如何形成的。

总之，帮助孩子找到兴趣爱好的过程可能需要时间和耐心，家长不要急于求成，要给予孩子时间和空间去探索。

　　孩子的兴趣爱好可能会随着时间和经验而改变，所以关键是提供一个开放和包容的环境，让他们有机会尝试新事物并找到自己的兴趣爱好。

　　兴趣关系着你是否能长期投入进去，不仅无怨无悔，而且享受其中！愿孩子们都能找到属于自己的那片天空，展翅翱翔。

帮助孩子认识自我，接纳自我

青春期是人生的重要阶段，在这个阶段，孩子的身高迅速生长，第二性征开始发育，同时家长也要了解这个阶段孩子的心理特点。

1. 认知能力的发展

青春期由于形式运算的出现而使思维完善，摆脱了儿童时期单一的具体运算和简单形象思维，进入抽象思维阶段，即已懂得试验、假说、推论这类形式化的思考，运用理论来推想因果关系，开始懂得处理复杂的信息或资料。他们学会自我批评，从各个方面以成年人的标准要求自己，有能力听取他人意见，处理问题时能考虑更多的可能性，思维活动的数量和质量都有很大提高。

这种认知能力的发展，对青少年的学习、生活及其个性发展有着重要影响：促进其学业进步；开始与父母发生冲突；对事物有一定的独立见解，尽管有些是偏激和不成熟的。

2. 性意识的觉醒

随着生理发展的急剧变化，心理开始萌动，在与异性同伴相处中，一些从来没有过的新的体验与感受开始产生神秘的骚动，使他们感到好奇、渴望，有时又是迷惑和害怕。在这个阶段孩子会对自己的外表、能力和社交更加敏感。他们开始注意自己在同伴中的地位和形象，并可能因此感到压力。因为这种变化，他们可能经历更多的情绪波动，可能会感到焦虑、易怒、情绪不稳定，同时也可能经历自我怀疑和自尊心波动。

3. 不成熟的"成人感"

随着青春期孩子自我意识的发展，自尊心与人格的独立性也随之明显增强，他们不希望别人时时管教约束，否则会使他们产生逆反心理和对抗情绪。尽管青春期孩子的"成人感"日益增强，但由于社会经验不足，对社会问题及个人问题认识较肤浅，这使得他们对自我评价、对他人评价常常又是不成熟的，顺利时沾沾自喜、狂妄自大；挫折时，妄自菲薄、自卑自弃。自我体验也是动荡而不稳定的。

4. 学习成绩波动大，心理压力增加

初中阶段学习成绩波动很大，分化明显。初二年级是明显的分化期，学习能力优秀的学生能应付自如，学有余力；而学习能力较薄弱的学生，穷于应付，越学越吃力。学业不良将会导致学生厌学、逃学、自卑自弃等一系列不良心理。

5. 同一性问题

同一性是个体对自己的本质、价值、信仰及一生趋势的一种相当一致和比较完满的意识，通俗地说就是个体在寻求"我是谁"这个问题的答案。青少年在同一性形成的过程中常常会出现一些不适应问题，表现在有的人对自我和自己的生活方式感到困惑，常伴有激动的情绪和解脱困境的尝试；有的人可能出现暂时的或长久的同一性混乱，即未能形成一种强烈的、清晰的同一感，他们无法发现自己。经受过同一性混乱的青少年，自我评价较低，道德推理不够成熟，难以承担责任，冲动且思维缺乏条理。可见，青少年的自我意识、与人交往、社会适应等方面的困扰都与同一性问题有关。

当我们了解了青春期孩子的心理特点以后，我们来看看自我认知对这个阶段的孩子的重要性有哪些。埃里克森在《发展心理学》中讲过，人在12岁到18岁这个阶段是处于自我认同的混沌期。这个时期也往往是自我认同的崩塌期。但是恰恰在这个时候，人的自我认同开始慢慢地形成。建立良好的自我认知，是每个孩子乃至成人一生探索的重要课题。

自我认知其实是一种认识自我、评价自我、发掘自我的能力。自我认知也叫自我意识，或叫自我，是个体对自己存在的觉察，包括对自己的行为和心理状态的认知。正确的自我意识，对一个人的成才、发展至关重要。

有一些青春期的孩子自我认知会有偏差。一些青春期的孩子可能会过高或过低地评价自己，这种现象被称为自我认知偏差。例如，他们可能因为一次优异的成绩而过分自信，或者因为社交困难而感到自卑。

在社交上有些孩子可能会表现出自卑、批评或嫉妒别人，不懂得体谅别人，容易屈服或依赖，情感容易受到伤害。

什么因素会影响青春期孩子的自我认知呢？这和家庭环境、个人心理特质和学校环境等有关，比如，家庭期望过高或过低，学校的教育方式和评价体系，都可能对青少年的自我认知产生影响。

良好的自我认知是自我调节和人格完善的重要前提。而青春期这个阶段的自我认知，多是依赖他人来考虑的，如别人说我很高、同学说我内向、老师说我数学不行……这个阶段的孩子是同一性发展的关键期，孩子在青春期的自我认知和自我发展，是想要整合自己。我是谁？我将来要成为谁？我在别人眼里是谁？所以他特别在乎在别人眼里，他是谁，因为他要确认一个他想要的自己，如果他觉得在别人眼里，不看好自己的话，他就无法确认那个他想要的自己。而如果一个人得不到自己想要的自己，他就会很难往前走。终其一生，我们都在回答"我是谁""我从哪里来""我要到哪里去"。在这个时期，学生迫切需要了解自己是什么样的人，或自己想要成为什么样的人，也需要探寻自我和环境之间千丝万缕的联系。

客观认识自己并接纳自己的不完美，对认知发展具有重要的意义。有的同学说：我的皮肤有点黑，我有点自卑，我的脸上长满了青春痘，觉得好丑，我会躲着同学，有的时候呀，一天都会戴着口罩不敢摘下来，于是每天都是问题，特别影响学习和生活。我们每一个人都想成为一个完美的人，但是世界本无完美，所以让孩子悦纳自己的缺点是至关重要的，给予自己正面的肯定，全面认识自己，学会拥抱自己，请相信无论你是什么样的人，你都是独一无二的。如果一个人不能正确地认识自我，看不到自我的优点，觉得处处不如别人，就会产生自卑，丧失信心，做事畏缩不前……相反，如果一个人过高地估计自己，也会骄傲自大、盲目乐观，导致生活和学习的失误。因此，恰当地认知自己能够克服这些不切实际的想法，还能够在生活中寻找到适合自己的方向。

有这样一位同学叫小明，是一个有点腼腆的七年级男生，在学校里，上课时他不算活跃，不太愿意参加集体活动，很多时候羞于表达，由于说话声音轻、语速慢，原本新奇的观点常常引来班级一些同学的质疑。但他的书面作业却是大不一样，字迹端正、整洁，内容很有自己的想法，有时会配些小插画。但让他进行分享时,他却低着头,很小声地说话。他觉得自己是属于所谓"懂事的孩子",平时遵守规则、谦和礼貌、懂得退让,对待别人有求必应,争取用"完美表现"得到大家认可,但是却没有特别的优点,在现实中经常被忽视。例如,有一次在小组活动中,他表达了自己的意见,却听到有同学质疑,说不切实际,于是他立马觉得是自己做得不够好,以后再也不想也不敢主动表达自己的想法和观点了。小明出现的问题是人际交往问题吗?人际交往问题背后往往隐藏的是自我认知问题。太"懂事"的背后往往是深深的无奈和害怕,害怕失去,害怕不好的评价,害怕自己做得不够好而小心翼翼。"懂事"久了便会形成枷锁,在遇事时总先反思自己,独特的"观察力"和"敏感性"使他因为他人的反应而后悔自己的决定。

那么父母怎么做才能帮助孩子建立正确的自我认知呢?

1. 以平和的心态与孩子沟通

此时的青少年叛逆心理很强,自尊心很强,需要家长多和孩子建立良好的亲子关系,建立良好的沟通环境,和孩子一同探讨,树立孩子对自我的正确认知,了解自己的优点和不足。再根据孩子自身的实际情况,制订合理的学习和生活目标。不要过度要求孩子,因为期望值过高,会导致孩子自信心受挫。对于孩子的想法,父母要给予尊重,对于孩子的挫折,要给予鼓励。

我们可以培养孩子"挫折预期"。让孩子明白:在学习、生活等方面,难免会遇到一些挑战和挫折,让孩子对这些挫折有一个心理准备,这样再遇到挫折时就不会垂头丧气,在这个基础上给孩子合理的期望,这样更有利于孩子的成长。

2. 引导孩子接纳自己的不完美

父母要看到孩子的闪光点,对于孩子的不完美,我们可以用虽然……但是……的句型,比如,虽然我个子矮,但是我也因此坐在最前面可以和老师交流得最多。或者虽然……但是未来……的句型,我虽然现在跑得慢一些,但是未来我可以通过训练跑得更快。虽然这一次……但是下次……的句型,我虽然这一次我没有获奖,但是下次我知道了如何调整我的姿势,争取下一次夺冠。这样的句型会将目光更多地关注到孩子的优势,发现孩子的优点越来越多，然而那一个缺点自然也就变得不再那么重要了，还要鼓励孩子勇敢面对自己的缺点。只有正视缺点，我们才能够更好地完善自己，成为更好的自己。小泽征尔是世界著名的指挥家，在一次比赛中，发现了乐谱中的错误，并在众人面前勇敢地指出了问题。他正视缺点的勇气，赢得了大赛的桂冠。正如泰戈尔所说："黑夜给了我黑色的眼睛，我却用它来寻找光明。"只有敢于正视自己的缺点，我们才能在黑暗中寻找到属于自己的光明。

3. 耐心陪伴孩子的成长

心理学上有一个名词叫"竹子效应"，是说一棵竹子在前4年的时间里，仅仅长了3厘米，但是从第5年开始，它就以每天30厘米的速度疯长，一般6周的时间就可以长到15米，这就是"竹子效应"。

父母要有陪一棵竹子成长的耐心去陪伴自己的青春期孩子。孩子某一次考试成绩不理想没有什么大不了的，家长不要大喊大叫，天塌不下来。孩子情绪低落不开心，家长接住孩子的情绪，而不是抱怨"我供你吃、供你喝、供你上学，我连个衣服都舍不得买，你还不高兴，你还不开心……"孩子非常讨厌父母这样的说话方式。也不要和别人家的孩子比，一个孩子一个样，我们要看到即使是同卵双胞胎，性格还截然不同，何况是别人家的孩子。

4. 鼓励孩子表达自己的心理感受

在和孩子的聊天中，我们可以和他交流哪些事情是他最喜欢的、最烦恼的、最不开心和最有成就感的。在孩子看电视、看电影和接触各类信息时，和他交流感受，让孩子把自己的感受表达出来，同时我们需要帮助孩子总结和归纳他的感受。这能让孩子更好地了解自己，逐渐地，他就能够根据自己的喜好和需要进行选择。家长要鼓励孩子表达自己的感受和想法，比如，让孩子谈论自己的喜好、梦想和目标等，这样可以帮助他们更好地了解自己的内心世界，从而更加清晰地认识自己。

5. 帮助孩子自我探索

家长可以鼓励孩子探索自己的兴趣爱好、才能等，让他更加了解自己和发现自己的潜力。例如，可以鼓励他参加一些课外活动、尝试新的技能，或者学习一门新的语言等。这些探索可以帮助孩子发现自己的优点和长处，同时也可以提高他的自我认知和自信心。

在希腊圣城德尔斐神殿上铭刻着这样一句著名的箴言："认识你自己！"中国也有一句古话叫："知人者智，自知者明。"

希望每个孩子都能认识和接纳自己，拥有乐观与自信，成为"内心强大的人"。

帮助孩子建立高水平的自尊

说到自尊我们先了解一下，什么是自尊和自尊心。

自尊和自尊心是紧密相联的。自尊可以说是一种心理状态和自我认知，是个体对自己整体价值的主观评价和感受，包括对自己的能力、品德、外表等方面的看法。

自尊心则更强调一种心理倾向或情感态度，包含对维护自身尊严、价值和重要性的一种内在驱动。

可以说自尊心是基于自尊而产生的，自尊是较为内在和全面的自我认知与评价体系，而自尊心侧重于表现出对这种自我认知的维护和捍卫情感的倾向。自尊心强的人往往有较高的自尊水平，会更积极地维护自己的形象、地位和权益等；而低自尊的人可能其自尊心也相对较弱，在维护自身方面可能表现得不那么积极或强烈。总体来说，它们相互关联、相互影响。

小明是一个有点腼腆的七年级男生，由于性格比较内向、不善言谈，所以在学校交不到朋友。他总觉得自己不够好，什么事情都做不好，做什么事都没有自信。课堂上，也不愿意举手回答问题，课后，也不主动和同学交流，注意力无法集中。

当老师发现他的问题后，主动和他的父母进行沟通，他的父母也非常重视，积极和小明沟通，询问他在学校里的情况，了解小明的感受和想法，并积极引导、鼓励小明勇敢尝试去做自己喜欢的事情，父母给小明提供了许多机会去发掘他的优点和潜力，例如，小明喜欢美术，父母和老师就鼓励小明参加学校组织的绘画活动，帮老师布置黑板报，和同学一起参与创作美术作品，代表班级参加年级画展比赛，并获得奖状，受到老师的表扬和同学们的认可。小明逐渐找回了自己的自信和自尊，性格也变得更加开朗和自信了。

虽然小明咨询的是人际交往问题，但是经过交流发现，人际交往问题背后隐藏的是缺乏自信心、缺乏自尊心的实质问题。

青春期是孩子成长的重要阶段，也是一个转折点。在这个阶段，孩子面临着许多挑战和压力，因此，建立积极的自尊和自信是至关重要的，我们要多鼓励孩子培养积极的自我形象和自信心。

自尊大致可以分为以下几种类型。

（1）高自尊：个体对自己有积极的评价和高度的自信，能够悦纳自己，有较强的心理韧性和积极的应对态度。

（2）低自尊：对自己评价较低，常常自我怀疑、自我否定，容易受他人影响，在面对挑战时可能会退缩。

（3）不稳定自尊：自我评价会随外界环境和他人反馈而大幅波动，时而觉得自己不错，时而又自我贬低。

高自尊和低自尊，在日常生活中对青春期孩子会产生哪些影响呢？我们可以通过下面的案例来了解一下。

小雷是一名性格开朗、活泼大方的中学生，他在学习上积极进取，遇到难题时总是不放弃，努力钻研，并且主动向老师和同学虚心请教。有一次在数学模拟测试中，因为没有认真读题、仔细分析，所以考试成绩不太理想，比平时正常发挥低了10多分，但小雷并没有气馁，而是认真分析原因，总结失误的知识点，整理错题本，继续努力。在班级活动中，他也总是勇于承担责任，主动向老师和同学们大胆提出自己的想法和建议，积极参加班集体活动，并且乐于帮助同学解决问题。他相信自己有能力做好很多事情，对自己充满信心，这种积极的态度就是高自尊的表现。

高自尊能让孩子更积极乐观地面对生活和学习中的困难与挑战，保持坚韧不拔的精神，不容易被挫折轻易打倒，而且有助于建立良好的人际关系。因为他们往往更自信地与他人交往，展现出自己的魅力和风采，更容易赢得他人的尊重和喜爱。同时，有利于提升他们的自我效能感，相信自己有能力去达成目标，从而更勇于尝试新事物，激发自身的潜力。

高自尊还会使中学生拥有更稳定的情绪状态，较少陷入焦虑、抑郁等负面情绪中。他们会更有主见，敢于表达自己的观点和想法，同时，在追求梦想和目标的道路上会更有动力和决心，努力去实现自己的人生价值。

下面我们一起来看这个案例。

小张是一名中学生,他在学校里总是沉默寡言。他觉得自己各方面都不如其他同学优秀,学习成绩一般,运动能力也不强,长相也不出众。在课堂上,当老师提问时,即使他知道答案也不敢举手发言,担心自己答错了被同学嘲笑。当自己遇到不会做的题时,也不敢主动问老师、问同学,担心被老师批评,被同学嘲笑。在小组活动中,他总是听从别人的安排,不敢表达自己的想法和意见,觉得自己的想法肯定没有别人的好。在与同学交往中,他也是常常处于被动地位,别人稍微对他冷淡一点、态度不好,他就会觉得是自己哪里做错了,让他人生气了,内心充满焦虑和自我怀疑,觉得自己不值得被好好对待,这种状态就是低自尊的表现。

低自尊的人不愿意正面审视自己,对人际关系、社会过分敏感。低自尊的人是缺乏自信的一种表现,口头语通常是:"我不行""我做不好"等,在他人看来常常是充满负能量的,属于抑郁型人格障碍,总是消极地面对生活。

以下是一个不稳定自尊的中学生案例。

小明是一名中学生,他在学习上有时候表现得很出色,能取得很好的成绩,这时他会感觉自己非常了不起,骄傲地向同学们炫耀自己的成绩。然而,当他在某次考试中失利或在课堂上回答问题错误时,他会瞬间觉得自己一无是处,觉得自己丢了"面子",情绪变得很低落,甚至会逃避和同学交流,觉得大家都在嘲笑他。在与同学相处中,别人对他的一句无心评价,如果是赞扬的,他就会兴奋很久;如果是负面的,他就会陷入自我怀疑和焦虑中,很长一段时间都无法恢复自信。在参加学校活动时,他时而积极争取表现机会,表现得很自信;时而又害怕失败而不敢参与,内心十分纠结矛盾。这种不稳定的自尊状态对他的学习和生活都产生了一定的负面影响。

不稳定自尊的中学生,会很容易因为外界的细微变化而出现较大的情绪波动和自我评价波动。

那父母应该怎样做,来帮助孩子提升自己的自尊呢?

1. 帮助孩子无条件接纳自己

"心理学巨匠"、合理情绪疗法的创始人和发展者阿尔伯特·艾利斯

（Albert Ellis）说过：人生既有不可避免的痛苦和失望，也有快乐和令人满意的地方。接纳无法避免的痛苦并不让人愉快，但它可以让你获得自我实现和成就。所以家长朋友要帮助孩子接纳自己，从而提高孩子们的自尊。

初中生小敏性格有些内向，经常对自己不太自信。她的父母在注意到这个情况后，多次联系老师询问方法，并开始积极开展行动。

有一次学校组织演讲比赛，小敏平时的语文功底就很不错，但她缺乏自信，担心自己落选，有些犹豫要不要参加。父母知道后，积极鼓励她勇敢尝试，并告诉她要相信自己，只要勇敢参与，就有机会成功。小敏在父母的鼓励下报名了。在准备过程中，小敏的父母作为忠实观众，一直耐心地听她反复练习演讲，给她提出建设性的建议，并且不断肯定她的进步和努力。最终小敏在比赛中表现出色，获得了三等奖。通过这次活动，小敏感受到了自己的能力，感受到父母对自己的支持和爱。父母还为她举办了一个小小的家庭庆祝仪式，夸赞她的勇气和努力，让小敏觉得自己越发喜欢语文这一学科，上课时，也积极参与课堂发言，课后也积极和同学互动谈论，性格越来越开朗了。

通过小敏的案例，我们可以看出：当孩子在学习上遇到困难时，家长并没有一味批评指责孩子胆小、懦弱，而是帮助她分析问题，找到解决办法，并肯定她已经取得的成绩。所以，家长要鼓励孩子多尝试新事物，让他们增强体验感，增加体验不同事物的经历和机会，这有助于他们发现自己的兴趣和潜力。当孩子发现自己的兴趣和潜力时，他们会更加自信，更加有动力去追求自己的目标。

2.鼓励并赞扬孩子的努力和成绩

当孩子取得成绩时，要及时给予赞扬和鼓励，这有助于增强孩子的自信心和自我价值感，让他们更加积极地投入学习中。

另外，家长也要注意培养孩子的独立性，让孩子学会独立思考和解决问题，这有助于增强他们的自尊心和自信心。当孩子能够独立完成任务时，他们会感到自豪和自信。

青春期的孩子是自我认同和尊严感形成的关键期，对于他们来说，保留体面和尊重是最重要的事情。如果父母的言行让他的自尊荡然无存，并把问题扩大化，孩子有可能会出现很大的情绪波动，会严重影响亲子关系。

一个16岁的男孩小明，中考后，父母想着让孩子放松一下，就约了家中亲戚一起聚餐。在吃饭的时候，小明一直在玩手机游戏，父亲看到后，于是训斥了几句，让小明关掉手机，先好好吃饭，吃饭时玩手机游戏不礼貌、没有规矩。小明听了就很不情愿，就嘟囔了一句"不用你管！"爸爸觉得小明这样当着亲戚的面顶嘴，让他非常没有面子，就怒斥孩子"啪"一下，抬手打了小明一巴掌。当着亲戚的面被爸爸打，小明觉得很没面子，很伤自尊，抬起手就用力把爸爸推倒了，这下场面就失控了……

在孩子青春期阶段，家长要学着控制自己的情绪，遇到问题时和孩子好好沟通，父母要成为稳住孩子的那个人，成为保护孩子自尊心的人，而不是击垮孩子的那个人。父母要与孩子建立良好的沟通关系，了解他们的想法和需求，不要当众批评孩子，父母要面子，青春期的孩子更需要啊！家长要保护好青春期孩子心灵中最敏感的角落——自尊心。如果父母情绪稳定，和孩子保持亲密关系，使孩子顺利度过青春期，那孩子长大后，他还会重新回到你们的身边，你们之间可以无话不谈；如果家长总是在孩子犯了错误之后，便开始数落孩子，不但亲子关系会遭到破坏，而且会严重打压孩子的自信心，严重伤害孩子的自尊心。当他长大后，孩子和家长也会渐行渐远，亲子关系很难修复。

3.耐心倾听孩子的要求和意见

孩子最需要的是父母的认可和鼓励，当家长看到孩子取得成绩和进步时，要及时给予肯定，让孩子感受到自己的努力和成绩是能被父母看到的。在日常生活中，父母也要耐心倾听孩子的需求和意见，尊重孩子的想法和感受，并及时给予支持和帮助。同时，家长也要学会放手，让孩子多参与家庭事务和决策，给予他们责任和权利，让孩子感受到自己在家庭中的重要性和价值。

对于青春期的孩子，家长要避免过度保护和干预孩子的生活和学习。过度保护，其实是在变相告诉孩子，父母对自己不放心，不相信自己有能力独立面对、解决好学习上、生活上的问题。这样会让孩子感受到压力，甚至削弱自尊，对自己丧失自信心，觉得自己一事无成。

另外，父母不要给孩子"贴标签"，不要在其他人面前说自己的孩子内向、不爱说话、害羞或者说自己的孩子就是好动、坐不住等。当孩子听到父母这么评价自己，无疑是给孩子负面的心理暗示，让孩子认为自己就是这样，就是什么事情都做不好。多鼓励孩子尝试新事物和挑战自己，让他们感受到成长和进步的乐趣，从而增强他们的自信心和自尊心。

4.给孩子足够的自由空间

不要把"望子成龙，望女成凤"的想法强加给孩子，让孩子生活在压力中，要结合孩子自己的特点进行引导，让孩子有成功的体验感，这样才有助于增强孩子的自信心和自主意识，让他们更加积极地投入学习和生活中。

青春期是孩子成长的重要阶段，建立积极、适度的自尊和自信是至关重要的。家长应该关注孩子的心理需求，给予他们足够的支持和鼓励，帮助孩子建立积极的自我形象和自信心。同时，家长也应该与孩子建立良好的沟通关系，给孩子足够的自由空间，让他们在成长的道路上更加自信、坚定地前行。

打开格局，提升孩子的自我认知

作为一位长期从事教育的工作者，我深知家庭教育的重要性，我也从多年的工作中发现，孩子一旦有了情绪障碍，或者亲子关系变得糟糕，作为家长，最好先从自己和家庭关系上找原因。

家长是孩子的一面"镜子"，也是孩子的一台"复印机"。我们给孩子什么样的"底稿"和"模板"，他们就很有可能成长为什么样子。在心理学和教育学上，有一个"镜映"效应，即孩子从家长那里吸收什么，他们就成为什么。孩子是通过家长和他人的评价来建立自我认知的。

很多时候，即使家长什么都不说，但是我们的神态、情绪，甚至肢体语言，无时无刻不在向孩子传递我们的信息。一个青春期的孩子曾经这样向我诉说：爸爸妈妈每一句评判我、否定我、质疑我的语言，就像一颗颗石头一样，全部砸在我身上、压在我心里，我无法挣扎，特别难受。我感觉自己也变成了一颗石头，坚硬、没有情感，一有情绪就想去"砸伤"别人。

在这里我们要先解释一下什么是青春期孩子的自我认知，它通常指的是孩子对自己的了解、认识和评价，这包括对自己的个性、兴趣、能力、价值观、优缺点等方面的深入思考和认知。比如，一个青春期孩子的个性特点、兴趣爱好、能力、价值观、自己的优缺点等都属于孩子对自我的认知。

既然家庭对于孩子的自我认知如此重要，我们就来看看，家庭关系到底在孩子的成长和自我认知里起着什么样的作用？

第一，我们来谈谈家庭对孩子成长的重要性。家庭不仅是孩子生理需求的满足地，更是心理、情感和社会化发展的重要基地。它为孩子提供了足够的情感支持：家庭是孩子获得情感支持和安全感的第一来源。父母对孩子的爱、理解和接纳能够增强其自尊心和自信心。

在这里，我想引用一句名言："家庭是孩子的第一所学校，父母是孩子的第一任老师。"这句话很好地概括了家庭在孩子成长中的作用。父母最重要的工作任务并不是教授学业、传递学科知识，而是以身作则，教给孩子最初的情感体验、关系模式和行为准则以及品德品行。

第二，家庭为孩子输出了价值观和信念。家庭是孩子形成价值观和信念的基地，父母的言行和家庭的规矩意识等，会深深影响孩子的道德观念和行为准则。孔子说："少成若天性，习惯如自然。"这意味着孩子在家庭中养成的习惯和价值观将伴随他们一生。

第三，家庭能给予孩子体验社会化的过程。家庭是孩子学习社会规则、行为规范和人际交往技巧的重要场所。通过与家庭成员的互动，孩子学会如何与他人沟通和合作，这为他们将来融入社会打下了坚实的基础。也就是说，孩子在家里习得的一切，都有可能成为他们在学校里、在社会上和人交往时候的样本，不管他们是否有意识地去改善和调整，从原生家庭获得的情感沟通模式，都会无形中影响着人的外在表现。

第四，家庭相较于其他群体，更多地关注着孩子的情感和心理健康。家庭环境的和谐与否对孩子的心理健康有着深远的影响，一个充满爱和支持的家庭环境有助于孩子形成积极的心态和应对压力的能力。正如心理学家卡尔·罗杰斯所说："一个健康的家庭环境是孩子健康成长的基石。"如果父母在家庭中只关注孩子的吃喝拉撒、物质提供或者只看到了孩子的分数和考试排名，孩子要么感受到被包裹得太紧缺乏自由成长的空间，要么压力过大难以承担，最终容易走向心理情绪的崩溃。

第五，家庭还影响着孩子的自我认识。家庭是孩子认识自我和探索身份的基地，父母的反馈和鼓励可以帮助孩子了解自己的兴趣、能力和梦想，这有助于他们建立自我认知，为未来的职业发展和人生规划奠定基础。家庭提供了一个安全的环境，让孩子在尝试和犯错中学习如何独立思考和解决问题，这有助于培养他们的自主性和创新精神。

第六，行为模式也是从家庭中习得的。孩子通过观察家庭成员的行为来学习如何处理人际关系、如何表达情感以及如何应对生活中的挑战。

第七，家庭中的榜样作用对孩子的影响是深远的。在我们接触的家长中，很多人总是说，我一直提醒自己，有了孩子，我可不能像我爸爸妈妈对待我那样对待他。可是结局往往是，如果我们缺乏自省和思考，总是会不知不觉中变成我们不喜欢的父母的样子。

接下来我们再来看看青春期孩子自我认知的意义和重要性。

首先，它有助于青春期孩子建立自我认同感，了解自己是谁，自己想要成为什么样的人。正如心理学家埃里克森所说："高中生时期是形成自我认同的关键阶段。"

其次，自我认知有助于青春期孩子做出更明智的决策。了解自己的兴趣和优势，可以帮助青春期孩子选择适合自己的学习方向和职业道路。

再次，自我认知还有助于青春期孩子建立自信。当孩子了解自己的能力和潜力时，他们更有可能面对挑战，追求自己的目标。

最后，自我认知对青春期孩子的心理健康也非常重要。了解自己的情感和需求，可以帮助孩子更好地管理情绪，应对压力。虽然我们的养育理念和教育方法随着社会文化的进步，已经有了很大的改观，但是，在当前的家庭教育中，依然还存在着一些挑战和问题。

第一，评价方式单一。在一些家庭中，学业成绩被视为孩子优秀和成功的唯一标准，这可能导致忽视孩子的情感需求、社交技能和个性发展。

我认识的一些家长，每天回家第一句话就是："作业做完了吗？""考试成绩怎么样？""明天是不是又要考试了？"他们和孩子的聊天主题似乎只有学习，他们要求孩子做好的事情也只有学习，他们评价孩子是否优秀的标准还是学习成绩。很多孩子都说，感觉不到被父母关爱，似乎只有成绩好才是他们的好孩子，成绩不够好或者糟糕的孩子就不值得被父母肯定。这是很多家庭存在的通病，也是青春期情绪障碍引发的重要因素之一。

第二，家人之间缺乏良好沟通。由于工作或者个性等原因，一些家长可能没有足够的时间与孩子进行有效沟通，陪伴孩子的时间不足，这影响了亲子关系的建立和孩子的情感发展。还有一些家长即使有时间在家里，也总是拿着手机刷短视频、打游戏，或者出去打牌娱乐，很少和孩子谈心、沟通，很难有静下心来倾听孩子的机会。孩子们觉得父母根本不了解自己，家长们又觉得自己辛苦工作把最好的条件都给了孩子，他怎么还不知道知足感恩呢？

第三，在很多家庭中常见的现象——权威服从。受到传统文化的影响，在一些家庭中，仍然存在重视权威和服从的观念，没有意识到青春期孩子的个体独立性。家庭中充斥着打骂、指责、呵斥，缺乏赏识和鼓励教育。有一些家长非常信仰"棍棒底下出孝子"，他们认为没有严苛的规则，孩子就不成器，殊不知，长期的打骂教育，除了让孩子情绪挤压向内造成自责和自伤，就是向外攻击，破坏人际关系。

第四，在我们家庭中缺乏性教育和心理健康教育。家长们往往羞于谈性，也不知道怎么和孩子讨论心理健康问题，所以这两块内容往往被忽视。这可能导致孩子在这些问题上缺乏正确的认识和应对能力，自我保护能力严重匮乏。一些孩子，连被侵犯了也不知道，或者说不敢反击，也不敢告诉家长，这是非常遗憾和危险的事情。

第五，还有一些家长，听到孩子说"太累了""想要休息""胃痛身体痛"这样的话时还断定孩子肯定是因为不想上学而装病、矫情。结果等到孩子出现了更严重的情绪问题和行为问题时才追悔莫及。

这些家庭中常见的问题，一次次地提醒着我们，要重视家庭教育在孩子自我认知和成长中对他们造成的巨大影响。

那么，孩子的自我认知和发展的标准究竟是什么？孩子应该具备哪些方面的能力才能说明他们的自我认知和发展是健全的呢？以下是一些被认为是良好自我认知的标准。

第一，清晰的自我了解。这意味着青春期孩子能够清晰地了解自己的兴趣、价值观、能力、优势以及劣势，他们对自己有较为准确的评估，不会过分夸大或低估自己的能力和价值。

第二，自我认定、自我接受。青春期孩子应该能够接受自己的优点和缺点，不因为自己的不足而感到自卑或沮丧，他们应该明白，每个人都有自己独特的地方，并且这些独特性正是构成完整自我的一部分，也就是说，他们可以接纳每一个"自我"。

第三，具备自我责任感。良好的自我认知包括孩子对自己的行为和决策负责，他们能够认识到自己的行为对他人和环境的影响，并愿意承担由此产生的后果。

第四，情绪管理能力，能够合理地表达自己。他们应该能够识别和管理自己的情绪，能够明白自己的情绪是如何影响自己的行为和思维的，并学会用积极的方式来处理负面情绪。

那么，为了让孩子有一个健康安全温暖的成长环境，作为家长要如何营造一个良好的家庭氛围和亲子关系，来促进和帮助孩子的自我认知和发展呢？

第一，平等沟通、少说多听。鼓励家庭成员之间开放沟通，让每个成员都感觉到自己的声音被听到和尊重，设定不定时、不定期的家庭时间，如共进晚餐、周末家庭活动等，增强家庭成员间的情感链接。

家庭聚会不一定要和物质条件挂钩，有时候，一起好好地享受一顿晚饭、喝一杯饮料，或者去楼下小区做做体育运动，都是很好的亲子交流沟通的契机。家长要抓住这些机会，尽量少听多提问，少说教多倾听，让孩子说，鼓励孩子表达，多方面了解孩子在学校里的生活，或者了解他们对很多时事新闻和各种社会事件的看法。

第二，正向反馈，多鼓励孩子。经常对孩子表达爱和肯定，强化他们的积极行为和成就，用放大镜看待孩子的每个小优点、小进步，尽量减少对孩子的打击、质疑和贬损。如果孩子从80分提高到89分，还没及格，那就收起"你怎么又没及格"的指责，而是去看到这提升上来的"9分"对于孩子的意义，肯定他们的努力。父母要学习从正面去看待孩子，不要总是去挑剔孩子的不足。

第三，家长要做好孩子的情感支持。我们常说，家长就是家长，不是法官，也不是教师身份，家长身份最核心的作用就是为孩子提供情感支持，包含了理解、倾听、同理、包容、感谢等。在孩子遇到困难和挑战时提供情感支持，帮助他们建立解决问题的信心。困难并不可怕，在不同的家庭里，它可能成为培养孩子的好机会，也可能成为毁掉孩子的一次危机。

当孩子向我们吐槽和倾诉困难的时候，千万别急着说"多找找你自己的原因""为什么只有你遇到这个事"，而是站在孩子的情感这一边，去了解他到底发生了什么，去听他的诉求和需要是什么。

第四，家长应该尊重孩子的个性，培养他们的爱好。尊重每个孩子的个性和兴趣，避免强迫他们做不符合自己兴趣的事情。我们常说，我们无法让一条鱼爬上树，我们也无法让一只鸟生活在水底。每个孩子都有自己不同的兴趣爱好和才能特长，无法用统一的标准去衡量他们，家长能做的，是尽可能对孩子提供物质和情感支持，尊重他们的不同方向和节奏，让花开花，让树成树。

第五，家长要适当放手、培养孩子的独立性。大家不要觉得谈到"独立"只是针对儿童的教育态度，其实，我们的很多家长，即使孩子已经到了高中阶段，依然在心理上和孩子"捆绑"在一起，比如，不停地提醒孩子、评判孩子、担忧孩子和给孩子把很多事情都做好，甚至非要参与孩子一些个人问题的决策，这都很有可能造成孩子对家长的反感甚至厌恶。

家长要给予孩子一定的自由和独立空间，给他们力所能及的要求，让他们学会自我管理和独立思考。很多青春期孩子的家长还停留在养育儿童的方法和思路上，对青春期孩子事无巨细的关照和唠叨，甚至有些家长会偷偷看孩子的手机、日记，探听孩子的一切秘密，干涉孩子交友、穿衣打扮等。这些举动使得孩子产生对家长的不信任和愤怒，从而影响亲子关系和孩子的自我认知，这些都是很常见的状况。

第六，家长要以身作则，做好榜样。家长应该通过自己的行为为孩子树立良好的榜样，如诚实、守信等品行品德，如认真工作等自律精神。很多时候，孩子很难通过我们的说教来获得什么，但是如果看到了我们是如何生活、如何工作、如何提升自己、如何面对我们的人际关系的，他们自然会知道，良好的范本是什么样子的。

最后，我想强调的是，家长要为孩子营造一个支持性、鼓励性和尊重平等的家庭环境。父母是孩子的"镜子"，他们从父母的言谈举止、生活态度中有意无意地汲取养分，建立自我标准，形成自我认知。

好的父母和父母营造的好的家庭环境，是孩子建立良好自我认知的重要土壤。希望我们能共同为孩子们营造一个有利于他们自我认识和发展的家庭环境。

第二辑

让孩子学会自主学习

02

游戏化学习法，让学习变得有趣又高效

在当今的教育领域，游戏化学习已经成为一种受到广泛关注的教学方法，通过将学习与游戏相结合，孩子们可以在玩耍中学习，从而更加高效地吸收和记忆知识。

家长往往会苦恼这样一个问题：我家娃做什么都兴致勃勃，一旦想引导孩子学习，娃就是不如我们所愿。要是能把他对什么什么的兴趣迁移到实际学习过程中，就好了！

现在让我们换一个角度，听听孩子在学校可能会有哪些苦恼：

"老师，我们为什么要学习这个概念？它对我有什么用处？"

"我能把这个知识用到其他地方吗？"

"哇，我要背这么多古诗，可我是现代人，我能用到它吗？"

所以，我们首先要从孩子的角度理解，"学习"在他们认识世界的过程中扮演了怎样的角色。这样一看，我们是需要帮助一群以"游戏"为驱动力的孩子意识到学习对孩子的意义。

假如我们遇到这样一个困境：孩子很喜欢研究小汽车，但一提到学习就犯困，作业总是完不成，家长们会怎么办？

在这种情况下，家长很多时候会急着指责："你看看你！就知道玩！作业写完了吗？"或者表示出不屑一顾："妈妈希望你在学习上也能花这么多精力，毕竟游戏只是游戏。"这样的做法反而会将"游戏"与"学习"切割开，让孩子产生"学习是家长要求我做的、无聊的，游戏是我自己想做的、好玩的"的刻板印象。更好的方式可能是与孩子共建一种观念：面对新事物，勇于尝试、保持好奇心很重要，学习可以帮助我们更好地体验我们生活的世界，它非常好玩。只有这样，才能更好地让孩子主动去学习，比如，他们可能为了与同伴交换一个剧本，查了很多书目；他们可能为了给虚构人物设计服装，搜索了很多画作……也就是说，在目的驱动下，不需要成年人去督促，他们就会增长自己的某种技能，通过某种方式探索世界的运作规律。而我们家长要做的，是不消磨这种天然兴趣，还原"学习"和"游戏"之间原本就有的联系，千万不要让孩子们形成"又要学习了，真无聊"这种糟糕印象。

这样才能让孩子们形成自发探索的学习形式，得到有意义的学习效果，在有意义的学习中感受到成就感和喜悦，就会对学习更加积极，所以，游戏化学习，可以让孩子得到更多有意义的学习，可以说，在有意义的学习中，学生的记忆能力、复述能力、理解能力和创编能力都会提升，除了学术方面的探索，她还可能去思考为什么这个"人物"会被大家喜爱，思索自己是不是未来也想成为这样的人，这样她的人格也会进步。

什么是游戏化学习以及游戏化学习的意义在哪里呢？

游戏化学习是一种将游戏设计元素和原则应用于非游戏环境的教学方法，它旨在通过游戏化的体验激发学生的兴趣，提高他们的参与度和动机。游戏化学习的意义有：

第一，提供即时反馈。在游戏中，孩子们可以立即看到自己的行为和决策的结果，从而及时调整策略。比如，在一款数学游戏中，孩子们需要解决一系列的数学问题，每当他们回答正确时，游戏会给予他们积分和奖励，从而鼓励他们继续努力。

第二，创造情境学习环境。游戏通常会为孩子们创造一个情境学习环境，让他们在真实或模拟的情境中学习。比如，在一款历史游戏中，孩子们可以扮演古代的统治者或将军，亲自参与历史事件，从而更加深入地理解历史知识。这个做得很好的例子是一个高中生，为了玩一个历史游戏，她杜撰了百万多字的俄罗斯历史，在这个过程中，无论是去思考还是去写这个历史故事，她都需要去查找大量的资料，对孩子来说这种锻炼是非常好的。

第三，刺激大脑的多个区域。游戏通常需要孩子们同时使用多种技能，如逻辑思维、空间感知和手眼协调，从而刺激大脑的多个区域，玩游戏可以促进大脑神经的可塑性，增强记忆和学习能力。

那作为家长我们应该如何帮助孩子，选择合适的教育游戏，让孩子能有效学习呢？

第一，考虑孩子的兴趣和能力。兴趣是最好的老师，家长应该选择那些与孩子的兴趣和能力相匹配的游戏，确保他们在玩游戏时既有挑战性又有成就感。当家长发现孩子对某种事物有天然的兴趣时，可以先试着了解孩子的兴趣点，与他们进行一些交流，鼓励孩子去进行深度思考。

孩子对兴趣的探索不一定会持续一生，也可能只是广泛探索中的一环，但"被保护的兴趣""养成的积极思考方式""良好的人际互动"可以为孩子带来美好的童年回忆，同时探索学习习惯的养成也将会影响他们未来的人生和学习体验。

以痴迷研究小汽车为例，家长可以使用积极语言与孩子进行互动：

"你最近一直在研究汽车，有什么有趣的发现吗？"

"你是否愿意为我们介绍一下你最近的兴趣？"

而不是因为孩子花在汽车上的时间多，便说孩子最近一直在研究汽车，浪费了多少时间！

不同年龄的孩子感兴趣的点可能不太一样。比如，小一点的孩子会好奇小汽车为什么会跑起来、小汽车的结构……大一些的孩子则可能开始研究品牌、性能、与汽车有关的传奇和人物传记……其中可能会涉及不同的学科知识，如物理、语文、美术等。

不要觉得孩子"朝三暮四"，其实，家长可以借助这个机会，让孩子意识到，他的兴趣不是孤立的，许许多多先人都做了和他一样的探索。可以通过查找资料、请教老师，帮助孩子们了解自己喜欢的事情。这样不仅可以让孩子在兴趣中学习学术知识，也增加了亲子交流的机会。如果孩子在对话中滔滔不绝，说明他已经进行了一些深入了解。

在亲子交流中，家长也可以有自己的观点，站在不同的角度与孩子讨论、争辩或者提出质疑，也可以就个人时间管理和兴趣平衡方面与孩子商量（什么时间做作业？什么时间拓展兴趣？如何平衡精力？），但家长要记住只有保持尊重和愿意倾听的态度，对话才会发展下去。

第二，考虑学习目标。家长应该首先考虑孩子的学习目标，然后选择能够帮助他们达到这些目标的游戏。

在考虑学习目标的时候，除了家长跟老师交流得知孩子的学业实际情况，最主要还是要和孩子交流，才能找到孩子的学业问题和孩子自己的真实感受、想法，在和孩子交流学业时，家长要注意自己的语言表达方式，要传递给孩子的是自己对孩子本人的关注。

比如说："最近妈妈（或者爸爸）注意到了你的学业变化，你有没有遇到什么困难？"

"我们一起来想办法，看看能不能在一小时内高质量地完成作业？"

"我注意到你是一个很专注的孩子，做自己喜欢的事情时表现得非常用心。但是最近老师反映你上课注意力不集中，我很惊讶，你能说说课堂上你遇到了什么困难吗？"

这其中的关键是，不要让孩子觉得"我是在为学校和父母学""父母见不得我玩，整天让我学""下次我不告诉他（她），偷偷玩"，这样可能孩子也就有了情绪，不愿意沟通解决。而是通过"倾听为主、适度回应"的方式，让孩子感受到"原来父母很关心我，注意到了我的课堂和成绩变化"，以及"如果遇到困难可以大声说出来，会有人帮我"。

那么，语言上的关心表达完了，如何进行具体的帮助呢？这里也提供一些可操作的建议。

对于年纪比较小的孩子，家长可以准备一张纸，这也是一个游戏的过程，和孩子一起列出所有困难（如诗歌背不下来、作业写得太慢……）。接下来针对每个困难，一起列出一些解决办法，并鼓励孩子围绕困难做一些计划。

比如，"求助纸"这个工具，请孩子将问题和愿望按照"123"的顺序分区、依次罗列，这样就可以有效获取我们的学习目的，在生活中，我们的游戏选择就要围绕这些目的来设置。

第三，设置适合的场景及规则游戏。我们的孩子不是千篇一律的，我们要根据孩子的兴趣和需要的结合，为孩子设计他们自己感兴趣并且有意义的游戏，让孩子参与设计环节，对游戏和学习都充满期待。

例如，在不少学校，考试复习环节交给学生自己进行。年纪比较小的孩子或者学业有困难的孩子其实就很需要家庭的帮助，这时家长可以将"复习游戏"的形式推荐给孩子,帮助孩子思考"复习"的意义,运用游戏策略帮助孩子掌握诗词。此处以孩子最容易产生倦怠感、单纯用到"记忆"的诗文背诵为例,来展示"无意义学习"如何在一个微情境下适度拓展,往"有意义学习"的方向发展。

"复习游戏"需要满足三个特点:一个听起来非常有趣的情境(沉浸感);需要全程参与和制作(自主性);家庭成员互动/小伙伴互动/自己与想象中的"角色"互动(交互)。

在这里,我给大家举一个例子,比如,我们学生古诗词的背诵,很多同学就会觉得很抽象,并且枯燥乏味,那我们就可以借助当下汉服文化的流行,以及围炉煮茶的众多场地环境,找一处文墨底蕴之地,做一次与古人"对话"的时空雅集活动。

(1)提早预告:我们需要在学期初,就跟孩子们预告,会有一个神秘雅集,同时为了增加孩子的"沉浸感",家长们可以描述得奇幻和夸张一些,到时候我们全家人还可以邀请一些同学一起通过诗歌与古代诗人隔空对话。所以请孩子们务必上课认真听讲,提前做好准备哦("自主性")。当然对于有困难的孩子,我们可以设定"每日打卡",在雅集开始之前用积攒的积分决定雅集提供的瓜果/零食/饮料的数量。

(2)意义阐释:可以用这个机会普及"雅集"的知识,并表示期中、期末考试前举办雅集,一来是为了放松身心,避免紧张,学会用平常心看待考试,促进亲子和同伴交流;二来也可以感受中国传统文化,祈求诗人福泽,增添一些生活乐趣,以后我们还可以用这样的方式采用不同的主题与朋友一起相约。

(3)选择一处有仪式感的地点:合适主题的环境才能让游戏沉浸感更加好,场地不需要很贵或者很远,可以就近去一些公园庭院,或者围炉煮茶的地方等,也可以请大点儿的孩子在预算内规划野营路线(自主性)。

(4)为了不让雅集有"临时抱佛脚"之嫌,家长平时可以通过渲染气氛、讲故事、分享中国文化视频,让孩子有兴趣在学期开始时就参与制作,感受我们"传承诗歌"的意义,增加孩子学习诗词的"互动性""沉浸感"。包括但不限于:起一个有中国韵味的雅集名字(如"梅亭雅集");

查询古代雅集都有哪些好玩的活动；准备一些乐器演奏；准备自己的小饰品；创造性地改善雅集气氛（准备一些香薰/野花/野果）。

（5）准备过程中产生的任何学科疑问，可以记录在本子上，请教学校老师（"自主性""互动"）。

做好准备后我们就可以开展游戏环节——雅集对话，这里主要就是通过游戏的形式让孩子们去展示自己的诗词存储的过程，那家长就可以定一些规则和奖励，给大家举几个例子。

【射诗】即诗歌版"你画我猜"，一人（简笔）画，另一人猜（可以是诗句/古文名句/文言词汇/整首诗/汉字）。一年级的小朋友建议分解为"词"，更容易记住词语；二年级采用"诗句"；三年级以上可以采用整首诗或诗句。若猜对，两人都可以得到瓜果（如果家长是猜的人，可以故意表示"这样的诗句太多了，我猜不出来"，让孩子可以再深入思考该诗句的核心特征。

【续诗】一人一句，按顺时针方向吟咏古诗，轮到末句的人可以任出一首古诗的第一句，继续游戏。15秒内没接上的人离席，在一轮倒计时结束前不能享受瓜果。这个游戏可以有多种形式，如出句者随机点人接下一句、突然调转接句方向等。

【悟诗】一人随机指定现场的一个景物（如山、水、树木）并给出指令，如"与山有关的诗句""与它同颜色的诗句"，另一人说出与之有关的诗句。

【赛诗】与孩子一起准备一些角色纸条，上面写着诗人的字号（比如，"太白""诗仙"）或者画着一些代表诗人特征的简笔画（如用山水画代表王维、用菊花代表陶渊明）。现场随意抽取，并扮演相关诗人，进行赛诗活动。每名"诗人"需要在1分钟内（当然这个时间可以依年龄递减，中学生就建议30秒）吟诵出现在本学期课本上的任意两行诗，作为"诗人"本人夸夸自己写得好在哪里。每次夸赞的理由不能相同，也不能与"其他诗人"相同（如第一次吟诵完诗句后，夸了自己"擅长写颜色"；第二次的诗句即使也写了颜色，也必须更换鉴赏角度，如"景物非常生动"）。先词穷的"诗人"离席，每10分钟随机重抽一次角色，每轮留下的诗人会得到瓜果奖励。

这样，我们就在整个诗歌雅集中，去发现、搜索、记忆了很多诗词。

当然，这样的游戏，我们也可以定期举行，不一定是考试前夕，根据孩子的情况而来，其他学科可以采取类似的游戏，针对的均是原本让孩子觉得"没有意义"的纯知识点记忆，只是需要将活动名称改为"数学茶话会""科学俱乐部"甚至"一定不挂科考试聚会"。

在以学习为目标的游戏中，需要注意几点。

（1）沉浸感需要情境，情境会传递文化。当孩子对复习、对课本有抵触时，不妨换种有趣的形式，将复习变成"聚会"，让他（她）意识到原来传统文化（或其他学科文化）这么好玩，游戏会天然地吸引孩子。场景有了，问题就会发生，学习也会发生。

（2）一定的创造和自主阐释可以增加能动性。这就是为什么"复习雅集"也不能单纯只背诗，而要混合其他思维，协同发生作用的原因是只有当孩子自己沉浸其中，并且想要找到答案的时候，他吸取知识的自主能动性才能提升起来。

（3）互动可以增加兴趣。用诗文交流的方式分享给孩子，当他（她）大一些就可以和同伴进行"续诗"，还可以鼓励孩子去探索更多的互动方式，尝试更高级的诗文游戏。

（4）若想用到高阶思维，需要"将知识次序打乱"和"大范围内搜索"，复习才会生效。这意味着，如果想通过迷你的考前"数学茶话会""科学俱乐部"的方式复习数学公式、科学原理，需要将范围限定在"几个单元之间"（而非一个单元内），"混搭"知识点（初级的"混搭"仅仅是乱序记忆知识点，即写在纸条上的不能都是三角形定理，得有点儿别的类型的定理；中学生在能力允许的情况下，可以尝试高级"混搭"策略，比如，找出"使用了细节描写的成语"，说出"建筑物涉及的所有数学原理"）。

（5）随着孩子的年龄增长，游戏难度也要提升，才能跟得上孩子不断发展的思维。到了高中，他们需要的就可能是更加专题化、职业化、研究化的"真实世界体验"，如大型辩论、复杂项目、专题研究等，为进入大学或者真实世界做准备，这需要非常专业的教师来进行。但是，孩子在家庭"复习游戏"中感受到的积极意义，会一直延续到他们今后的学习中，包括他们在学校课堂中表现得更加积极，我们家长的角色是作为支持性环境的一部分，为孩子从小种下"好奇心"的种子，鼓励他们遇到问题不断寻找答案，为未来教师提供专业化学习、独立学习作好准备。

（6）复习是一种有帮助的学习策略。在"时空雅集"复习游戏中，孩子可能会出现一些错误，或者发现"完全没准备好，一直在看着别人吃"，结束后要鼓励孩子及时复习出错的诗句，或者调整复习策略，为"下一次与诗人沟通做准备"。

其实一直以来很多家长都是手握一堆养育技巧，却还是常常觉得搞不定孩子，那是因为我们把养育挑战当作亲子之间的一场较量，去要求、去规范、去纠正，只看见问题，看不到彼此。当我们先将问题放下，去联结孩子、看见孩子、看见自己的时候，孩子会变得更容易合作，解决问题的方法随之而来。

游戏化学习不仅是技巧和一些游戏，更是一种真正看到孩子的方式。让我们用轻松的方式，应对孩子的学业问题，看见孩子如其所示，而非如我所愿。

激发内驱力：从"要我学"到"我要学"

我们先要了解什么是学习内驱力？

当代著名的教育心理学家奥苏贝尔提出："内驱力是指学生学习的社会性需求。这种需求是社会和教育对学生学习的客观要求在学生头脑里的反映。这种需求一旦引起，学生便对学习表现出一定程度的兴趣、主动积极的情感态度、良好的注意和克服困难的意志努力，从而发动并维持学习行为的进行，使其积极投入学习活动中去。"

学习内驱力是孩子从身体内部产生的、推动个体进行学习的心理因素，是学习动机的核心，是个体主动学习的内在动力源泉。

再通俗一点说，内驱力就是孩子自己要求上进、学好的动机。"我要好好学习"是因为我真切地感受到学习对我很重要，学习使我快乐！不是因为我要证明我是好学生！不是因为我被逼迫无奈而学！更不是因为我要和别人比较！

学习内驱力对于孩子来说非常重要，具体表现在以下几个方面。

第一，学习内驱力可以提升学习效率。拥有学习内驱力的孩子在学习时更加专注和投入，能够更高效地吸收和掌握知识。学习内驱力强的孩子往往能够主动寻找学习资源，制订学习计划，并付诸实践，他们具备更高的学习效率和更好的学习效果，能够在相同的时间内掌握更多的知识和技能。同时，学习内驱力还能促使学生深入思考、探索问题，从而提升他们的理解能力和解决问题的能力。

第二，学习内驱力可以增强自主学习能力和养成自主学习的习惯。当孩子具备内在的学习动力时，他们会更加自觉地进行课前预习、课后复习，独立完成作业。这种自主学习的习惯不仅有助于提高孩子的学习成绩，还有助于培养他们的自主学习能力和终身学习的意识。

小强是一名初三学生,他从小就在父母的影响下热爱阅读,家里的书房、客厅和他自己房间,都有装满文学类、科幻类等各类书籍的书架。周末空闲时间,父母也会和他一同到图书馆看书。小强还喜欢参加读书分享会,经常和书友交流书籍中的内容,分享自己的读书感悟。他也经常投稿学校校刊读物,并且对父母说,自己喜欢文学,以后要选文科,要当作家。由此可以看出,小强养成自主学习的习惯和他自身的学习内驱力是密不可分的。学习内驱力不但能帮助孩子自主学习,主动探索知识和解决问题,而且对未来的学习和职业生涯都有着至关重要的引导作用。

第三,学习内驱力还可以提高学习兴趣。内驱力可以激发孩子对学习的兴趣和热情,当孩子从内心深处对学习产生兴趣和热爱时,他们会更加投入地学习,享受学习带来的乐趣。这种积极的学习态度能够使学生在学习过程中保持持久的动力和激情,从而提高学习效果和学习质量,让他们从学习中获得乐趣,进而形成良好的学习习惯。

第四,学习内驱力可以促进个人成长,激发创新思维能力。学习内驱力是一种积极的心理品质,它不仅有助于学习,也有利于孩子的全面发展和个人成长,还能够激发孩子的创新思维能力。当孩子对学习充满热情和好奇心时,他们会勇于尝试新的学习方法、解题思路和创新性的实践活动。这种创新性的思维方式能够帮助他们打破思维定式,拓展思维空间,提高解决问题的能力。

第五,学习内驱力能够提高抗挫能力,助力未来职业选择。学习过程中难免会遇到困难和挑战,拥有学习内驱力的孩子更能够坚持克服困难,增强抗挫能力,而且,学习内驱力对孩子的未来职业选择也具有积极的影响。具备强大学习内驱力的孩子往往能够明确自己的兴趣和优势,从而在未来的职业选择中更加精准地定位自己的发展方向,同时,他们也能够更快地适应新环境、新领域,实现个人价值的最大化。

第六,学习内驱力还能促进孩子的身心健康发展。当孩子主动投入学习中时,他们会感到充实和满足,这种积极的情绪状态有助于缓解学习压力和焦虑。同时,学习内驱力还能激发孩子的学习兴趣和好奇心,促使他们积极参加体育锻炼和文化活动，从而形成良好的生活习惯和健康的体魄。

我们作为父母，在日常生活中要避免哪些误区呢？我们先分享一个案例。

小明是一名初一的学生，他爸爸妈妈最头疼、最苦恼的事情，就是孩子始终不明白学习是自己的事。每天回到家，只要父母不在家，他自己就不会打开书包，不会主动写作业。经常是玩一会玩具，看一会电视，等到爸爸妈妈回家了，才会匆忙打开书包写作业。爸爸妈妈总是批评他，说他这么大的孩子就知道玩，上学是为了父母，不是为了他自己。后来，经过沟通，我们了解到：在小明小学阶段，一直是父母陪着孩子写作业，谁有时间谁陪，写完作业，也是由父母批改作业。而当小明完成学校作业后，父母又要求孩子做复习、做预习，做好这些，又要求孩子多看一些辅导书，做一些拓展练习题，没有一点小明可以自由支配的时间。久而久之，小明对学习就丧失了兴趣，丧失了主动性和内驱力。

首先，对于陪写作业这个问题，部分家长有一定的误区。家长朋友们要明白：写作业的目的是让孩子学会检验和巩固所学的知识，是培养孩子独立思考和自主学习的能力。可许多家长往往迫于外界的一些压力，以及自身的焦虑，对孩子写作业这个问题强加干涉，结果就造成了作业责任的转嫁。孩子会觉得，父母催，我就做，父母不催，我就一直拖着，做作业是为了父母，不是为了自己，从而失去了完成作业的真正目的。长此以往，孩子对作业的责任感就会丧失，学习的内驱力也会减弱乃至丧失。

其次，给孩子选兴趣班或辅导班时，家长往往反客为主，代替孩子做主。这里给大家分享一个案例。

小树是一名初一的学生，从小学升初中后，没有完全适应初中的学习节奏，一直感觉时间不够用，精力跟不上，觉得学习比较吃力，成绩上不来。小树爸爸妈妈非常担心，就想着给孩子利用课余时间，找校外的辅导机构安排课程，希望能让小树的成绩提高上来。

所以小树爸爸妈妈在没经过小树的同意下，给小树报了校外文化辅导课程，还支付了一笔不少的费用。但在小树知道利用周末时间补课这件事后，非但不同意，还和爸爸妈妈大吵了一架。小树认为：爸爸妈妈根本不爱自己，只爱分数。自己明明在学校学习已经很吃力了，知识点掌握不好，作业做不完，觉也睡不好，现在，连周末休息时间都被安排占用了，自己一点自由都没有。而小树爸爸妈妈也非常生气，觉得小树不理解父母的苦心，他还和爸爸妈妈吵架，还不去上课，这一切都是为了他好啊！

在选择兴趣班和辅导班这件事上，有的家长总是按照自己的意愿和目的，为孩子规划学习内容、安排课程、安排时间。觉得有些兴趣班可以为以后的升学加分，就为孩子选报，但家长朋友们要知道，选报兴趣班要基于孩子的兴趣，如果孩子不喜欢、没有兴趣，非要强加给他，就会剥夺他的自主权，让孩子失去学习的动力，还会激化亲子之间的矛盾。辅导班也是如此，孩子在有需要进行查漏补缺的时候，他会有针对性地提出需求，家长要学会放手，要让孩子成为自己学习的"主人"。

父母也不要在生活上大包大揽。当孩子上初中后，无论是生理上还是心理上，都已经在向青少年发展，独立的"自我"意识初步明确，孩子可以做的事情太多了，但家长总是觉得孩子没长大，还不够成熟，总喜欢把孩子生活中的各种事情大包大揽，无论是穿什么衣服、梳什么发型，还是空闲时间做什么事、有什么安排等。渐渐地，孩子觉得这些事情都是父母的，自己没有必要去参与。

那家长要如何培养孩子的学习内驱力呢？

对于青少年而言，他们的学习态度和习惯正在逐渐形成，因此，家长在这个阶段发挥着至关重要的角色。

1. 尊重孩子，设定合理目标

在学习上，家长不要只关注成绩，强制给孩子制定目标分数，而是听孩子的想法和计划，根据孩子的需要提供帮助。与孩子共同制订明确且切实可行的学习目标。这些目标应该具体、可衡量，既不过于遥远，也不过于容易。

晓莉是一名即将参加中考的初三学生，成绩一直稳定在年级前100名，几次模拟考试下来，总分还是不错，但离市一级重点高中目标还相差20分，父母觉得晓莉是一定可以考上重点高中的，于是便决定给晓莉请一对一家教老师，利用中考前最后的时间，再努力提高20分。但晓莉对此安排非常排斥，她觉得目前的成绩是自己拼尽全力的最好成绩，自己已经非常努力了，父母这样做，会让自己觉得很辛苦，压力很大，感到很疲倦，父母应该多关心自己而不是成绩，如果没考上重点高中，父母就不爱自己了吗？父母听到孩子的心声后，立即醒悟，停止了对分数的盲目追求。

相对于成绩来说，孩子的身心健康更为重要，父母千万不要从自己的角度出发，盲目给孩子设定目标，要相信孩子，相信他能够清晰地认识到自己的学习方向并为之努力。

2. 激发孩子的学习兴趣

兴趣是最好的老师，热爱是最大的动力。家长应关注孩子的兴趣爱好，并引导他们将这些兴趣爱好与学习相结合。很多时候，一些有控制欲的父母，只要孩子做与学习无关的事情，就会发脾气，就会批评孩子，制止孩子的行为。

小米是一名初一学生，平时很喜欢做手工，随手拿来一张纸就能折成很多不同的"武器"，像"回旋镖""小坦克"等，用几根木棍和皮筋，就能做出一把"小手枪"，他爸爸妈妈看到了经常批评他，说他"玩物丧志"，质问他：你做这些东西，考试又不考，有什么用？！这是能让你的数学多对几道题？还是能让你的语文多得几分？孩子的创造力和动手能力，就这样被父母抹杀了。

父母越是过分关注孩子的学习成绩，越是想控制孩子，等孩子长大后就越想摆脱父母的管教和束缚，不但会对学习产生厌学情绪，还会产生叛逆行为，严重影响亲子关系。

家长要保护好孩子的学习兴趣和创造激情，帮助孩子发现自己的兴趣和潜能，并鼓励他们深入探索和发展。如果孩子对科学感兴趣，父母可以推荐相关类别的科普读物或视频观赏学习等；如果孩子喜欢美术，可以鼓励他们参加绘画学习，带孩子参观画展等；如果孩子喜欢音乐，可以带孩子多聆听、了解相关音乐，有条件可以开展相关的学习；如果孩子喜欢运动，可以陪伴孩子一起参与相关活动等。让孩子有机会尝试不同的领域，发现自己的天赋和特长，孩子也会将这份学习动力更加主动地投入学习中。

3. 学会放手，鼓励孩子自主学习

自主学习是培养内驱力的重要途径，家长应鼓励孩子独立完成作业和学习任务，给予他们足够的自主学习时间和空间。很多家长在孩子写作业时，总是喜欢一会问孩子渴不渴，一会给孩子送一点水果，看看孩子作业写了多少，有没有在做和学习无关的事情等。这样不但会打断孩子学习的专注力，还会让孩子感觉你是在监视他学习，不相信他在认真学习。

所以，父母要从日常生活中的小事开始，培养孩子对时间的掌控能力，培养孩子的自律，让孩子尽早学会管理时间的方法。在写作业前，父母可以和孩子制订好学习计划，根据作业量规划完成时间。当孩子完成作业后，可以自主安排其余时间，鼓励孩子劳逸结合，这样可以帮助孩子养成良好的自主学习习惯。

家长自身的行为和态度对孩子的影响也是深远的。家庭成员要共同努力，为孩子营造一个温馨的家庭氛围，一个积极向上的生活环境，在孩子学习时，尽量提供安静的环境，让孩子感受到父母对自己的关爱和支持。在空闲时间，家长可以和孩子开展一些亲子互动游戏或一起外出活动，增进亲子关系，让孩子在轻松愉快的氛围中感受到家庭的温暖。一个和谐、支持性的家庭氛围对于培养孩子的内驱力至关重要。

学习不走神的秘诀：提高注意力

我们先来分享一个案例。

小力是一位初中二年级的学生，他从小就活泼好动，对新鲜事物充满好奇。然而，这种性格特点在学习上却给他带来了不小的困扰。他上课时容易分心，总是难以专注于老师的讲解，常常因为一些琐碎的事情，导致错过重要知识点，作业也常常拖延完成，导致成绩一直不尽如人意。

然而，小力并没有放弃自己。他意识到自己的问题所在，并决定采取行动来改善这种情况。首先，他积极寻求老师和家长的帮助，了解如何培养和提高注意力。在老师的指导下，小力学会了制订学习计划，将学习任务分解成小块，每次集中精力完成一个任务。同时，他还学会了利用"番茄工作法"等方法来帮助自己保持专注。

此外，小力还主动寻找适合自己的专注力训练方法。他每天都会进行一段时间的冥想练习，通过深呼吸和放松身心来提高自己的专注力。同时，他还利用一些专门的注意力训练软件来进行辅助练习，这些软件通过游戏化的方式让小力在轻松愉快的氛围中锻炼自己的注意力。

经过一段时间的努力，小力的注意力有了明显的提升。在课堂上，他能够更加专注于老师的讲解，不再轻易分心。课后做作业时，他也能够迅速进入状态，高效完成作业。这些变化使得小力的学业成绩有了显著的提升，他在班级中的排名也逐渐上升。

从小力的故事中，我们可以得到什么启示呢？

注意力，这个看似简单的词汇，实则蕴含着深厚的内涵和重大意义。对于青少年而言，注意力是他们在学习和成长道路上的重要支撑和保障。

但在现今的生活中，我们不难发现一个令人担忧的现象：学生们普遍面临着注意力分散、难以集中精力的问题。这一问题已经逐渐演变成了一个重要的社会议题，值得我们深入探讨和分析。

我们需要认识到，注意力分散并非学生的个体现象，而是一个广泛存在的问题。随着现代科技的快速发展，孩子们越来越容易沉迷于手机、平板等电子设备，导致他们无法专注于学习。此外，快节奏的生活方式和多元化的娱乐方式也使得他们难以静下心来，深入思考和学习。

那么，影响注意力的主要因素有哪些呢？

（1）生活节奏变化的影响。随着科技的进步和社会的发展，现代人的生活节奏越来越快。孩子们身处这样的环境中，不仅要应对繁重的学业任务，还要面对来自网络和现实世界的各种诱惑。他们需要在有限的时间内完成大量的学习任务，同时还要应对各种社交活动和兴趣爱好。这种快节奏的生活方式使得他们很难长时间保持专注，往往容易被外界干扰从而分散注意力。

（2）学习环境也是重要的因素。学习环境的优劣直接关系到孩子的学习效果。如果学习环境嘈杂、杂乱无章，或者缺乏必要的学习设施和资源，那么孩子的注意力就很难得到保障。

（3）学校的教学方式和课程设置也会产生影响。如果教学方式单一、枯燥无味，或者课程设置过于烦琐、缺乏针对性，那么孩子就很难保持对学习的兴趣和热情。

当然，还有孩子本身的个人习惯和性格特点、家庭环境和父母的教育方式等都会产生影响。一些孩子可能天生就比较活泼好动，难以长时间保持安静；一些家庭可能缺乏对孩子的关注和支持，使得孩子在面对学习压力时无法得到有效的帮助和支持。

以下是一些提高孩子注意力的有效方法。

1. 合理安排学习时间

首先，合理安排学习时间，有助于孩子形成良好的学习习惯。

一个科学的学习计划能够让孩子明确每天的学习任务和目标，使他们能够有计划、有步骤地进行学习。

其次，避免长时间连续学习，有助于保护孩子的身心健康。

长时间学习，容易导致孩子身体疲劳、注意力不集中等问题，影响学习效果。因此，每学习一段时间后进行短暂的休息、活动或放松，可以缓解身体和心理的压力。另外，还可以鼓励孩子参加一些户外活动，呼吸新鲜空气，放松心情，以促进身心健康发展。

此外，家长还可以关注孩子的兴趣爱好和特长，为他们提供一些有趣的学习资源和活动，激发孩子的学习兴趣和动力。这样不仅可以丰富孩子的学习内容，还能让他们在轻松愉快的环境中学习知识，提高学习效果。

2. 创造良好的学习环境

学习环境不仅指物理环境，还包括心理环境。

在物理环境方面，家长可以注意以下几点：

（1）确保学习空间整洁有序。杂乱无章的环境容易分散孩子的注意力，因此，应定期整理孩子的学习空间，保持桌面整洁，减少干扰因素。

（2）合理布置光线。光线过强或过弱都会影响孩子的视力，进而影响注意力，应确保孩子的学习空间光线充足，避免直射阳光或阴暗角落。

（3）降低噪声干扰。噪声是分散注意力的重要因素之一。家长可以通过使用隔音材料、关闭门窗等方式减少噪声干扰，为孩子创造一个宁静的学习环境。

在心理环境方面，家长同样需要关注以下几点：

（1）建立良好的亲子关系。家长应多与孩子沟通交流，了解他们的需求和困扰，给予关爱和支持。一个融洽的亲子关系有助于孩子保持良好的心理状态，更加专注于学习。

（2）营造积极的家庭氛围。家长可树立榜样，展示出积极向上的生活态度。同时，家庭成员之间应相互尊重、理解和支持，形成一个充满正能量的家庭氛围。

（3）设定合理的学习目标和期望。家长应根据孩子的实际情况和兴趣爱好，为他们设定合理的学习目标和期望，避免过高或过低的期望给孩子带来不必要的压力或挫败感，从而影响他们的注意力。

3. 引导孩子参与兴趣活动

一方面，兴趣活动能够让孩子在轻松愉快的氛围中，自然地培养起专注力。这是因为兴趣是孩子最好的老师，他们往往会对自己感兴趣的事物投入更多的时间和精力。例如，如果孩子对绘画产生浓厚兴趣，他们会沉浸在绘画的世界中，专注于每一笔、每一画的精细描绘。这种专注力不仅有助于孩子在绘画领域取得进步，还能迁移到学习和生活的其他方面，使他们更加专注地面对各种任务和挑战。

另一方面，兴趣活动有助于激发孩子的创造力与想象力。在参与兴趣活动的过程中，孩子们需要不断地尝试、探索和创新，这不仅能够锻炼他们的思维能力，还能让他们在思考问题时更加灵活多变。例如，参加舞蹈班的孩子们需要学习不同的舞蹈动作和编排方式，这不仅能够提高他们的身体协调能力，还能激发他们的创意灵感，让他们在学习和生活中更具创新精神。

4. 教授有效的学习方法和技巧

首先，根据学科特点和个人学习习惯制订有针对性的学习计划。

其次，培养良好的学习习惯，如专注力、记忆力等，有助于提升学习效果。

最后，采用多种学习方式，如阅读、讨论、实践等，有助于加深理解和记忆。

在诸多学习方法和技巧中，"番茄工作法"是一种非常值得推荐的时间管理技巧。这种方法将学习时间划分为多个短暂的、连续的工作块，称为"番茄时间"，每个工作块一般为25分钟。在这25分钟内，学生需要全神贯注地投入学习，不受任何干扰。每完成一个工作块，学生可以休息5分钟，然后再进行下一个工作块。这种方法有助于提高学生的学习专注力，减轻学习疲劳，使学习效果得到显著提升。

有位叫小清的学生，在复习数学时就采用了"番茄工作法"。他首先将学习内容划分为若干个部分，并为每个部分分配相应的番茄时间。在第一个番茄时间内，他集中精力学习第一个部分的知识点，并完成相关习题。完成后，他休息5分钟，然后开始下一个番茄时间。通过这样的循环，他发现自己在学习过程中更加专注，学习效率也得到了显著提高。

5. 关注孩子的情绪状态

我们要认识到情绪与注意力之间的紧密联系。情绪是孩子心理活动的重要组成部分，直接影响着孩子的注意力分配和集中程度。当孩子处于积极、愉悦的情绪状态时，他们的注意力往往更加集中，思维更加敏捷，学习效率也更高。相反，当孩子处于消极、焦虑的情绪状态时，他们的注意力容易分散，难以专注于学习任务，从而导致学习效果下降。

然而，很多时候我们并未意识到孩子的情绪问题。有些家长和老师过于关注孩子的学业成绩，而忽视了孩子的情绪变化。事实上，情绪问题不仅影响孩子的学习效果，还可能对孩子的身心健康产生负面影响。因此，我们需要密切关注孩子的情绪状态，及时发现并解决问题。

为了有效管理孩子的情绪，我们可以从以下几个方面入手。

（1）建立良好的亲子关系和师生关系，让孩子感受到关爱和支持。这有助于增强孩子的安全感，降低焦虑情绪。

（2）教会孩子识别自己的情绪，了解情绪产生的原因和影响。这样，孩子就能更好地掌控自己的情绪，避免被情绪左右。

（3）提供情绪调节的方法，如深呼吸、放松训练等。这些方法可以帮助孩子缓解紧张情绪，恢复平静状态。

（4）我们还可以组织一些亲子活动或团体活动，让孩子在轻松愉快的氛围中与他人交流互动，增强自信心和归属感。同时，还可以鼓励孩子多参加体育锻炼和户外活动，以缓解学习压力，促进身心健康。

接下来我们再来聊聊培养孩子注意力的方法。

1. 教孩子做笔记和整理思路

首先，家长和老师可以以身作则，展示良好的笔记习惯和整理思路的方法。例如，在开会或学习时，可以让孩子看到我们如何做笔记、如何整理思路，让他们感受到这种方法的实际效果。

其次，我们可以通过具体的练习来训练孩子的这些能力。比如，在阅读一篇文章或听一段讲座时，可以要求孩子尝试用自己的话总结主要观点，并记录在笔记本上。同时，我们还可以引导孩子对所学知识进行分类和归纳，帮助他们形成系统的知识体系。

最后，我们还可以利用一些辅助工具来提升孩子的笔记能力和整理思路的效果。比如，现在市面上有许多专门的笔记软件，它们提供了丰富的功能，可以帮助孩子更便捷地记录和整理信息。

2. 定期进行专注力训练

首先，我们可以引导孩子参与一些纸牌类游戏，如扑克牌或记忆翻牌游戏。这类游戏不仅有助于锻炼孩子的记忆力和反应能力，还能在游戏的过程中提高他们的专注力。在记忆翻牌游戏中，孩子需要在规定的时间内找出所有相同的牌面，这要求他们必须集中注意力，仔细观察每一个细节。通过这样的游戏，孩子可以在愉快的氛围中逐渐提升注意力。

其次，解谜类游戏也是锻炼孩子专注力的好方法。这类游戏往往需要孩子通过观察、推理和分析，找到解决问题的方法。例如，拼图游戏能够让孩子在拼接碎片的过程中，学会耐心和专注；而逻辑推理游戏则可以让孩子在思考中锻炼思维能力和注意力。通过这些游戏，孩子可以在乐趣中不断提升自己的专注力水平。

最后，我们还可以借助一些电子设备上的专注力训练应用来帮助孩子。这些应用通常包含各种有趣的任务和挑战，旨在通过互动的方式提高孩子的注意力。例如，有些应用会要求孩子在规定时间内完成一系列的任务，如寻找特定颜色的图形或点击移动的物体。这类游戏不仅能够吸引孩子的兴趣，还能在无形中培养他们的专注力。

除了以上提到的游戏和活动，我们还可以引导孩子参与一些需要团队合作的活动，如共同完成任务或比赛。在这些活动中，孩子们需要相互协作、沟通交流，这有助于培养他们的团队精神和责任感。同时，为了达成共同的目标，孩子需要更加专注于任务本身，从而提升他们的专注力。

3.鼓励孩子坚持完成任务

首先，设定明确、可量化的目标。家长应该与孩子共同制订切实可行、可量化的任务计划，并明确表达对孩子的期望。这样，孩子就能清楚地知道他们需要完成什么任务，以及如何完成任务。同时，我们还要鼓励他们设定短期和长期目标，以便更好地规划自己的时间和努力方向。

其次，关注过程而非结果。在孩子完成任务的过程中，家长要给予他们足够的支持和鼓励。我们应该关注他们在完成任务过程中所付出的努力和取得的进步，而非仅仅关注任务的最终结果，这样，孩子就能更加专注于过程，努力克服困难，从而提高自己的坚持力。

最后，引导孩子学会自我激励和反思。当孩子遇到困难或挫折时，我们要学会引导他们进行自我激励和反思。我们可以引导他们设定小目标，每完成一个目标就给他们一些奖励，从而激发他们的积极性和动力。同时，我们还要鼓励他们对完成任务的过程进行反思，总结经验教训，以便更好地应对未来的挑战。

不过，在培养注意力的过程中，我们还需要注意以下几点。

首先，我们要尊重孩子的兴趣和意愿。

其次，我们要给予孩子适当的支持和鼓励。

最后，我们要帮助孩子培养良好的时间管理能力。

接下来，我们来探讨家长在提高孩子注意力过程中扮演的角色。

家长在孩子成长过程中扮演着至关重要的角色，尤其在提升孩子注意力方面更是不可或缺。良好的家庭氛围、鼓励孩子表达、提供支持和引导以及监督学习进度，都是家长在培养孩子注意力时需要注意的方面。

首先，营造一个良好的家庭氛围是提高孩子注意力的基础。家庭氛围温馨和谐，有利于孩子形成积极向上的心态，从而更容易专注于学习和生活。家长可以通过共同参与家庭活动、关注孩子的情感需求等方式，为孩子创造一个有利于注意力集中的家庭环境。

其次，鼓励孩子表达自己的想法和感受。当孩子能够自由地表达内心的想法和感受时，他们的思维会更加活跃，注意力也会更加集中。家长要尊重孩子的个性和兴趣，鼓励他们勇于表达自己的观点，这样可以培养孩子的自信心和独立思考能力。

再次，在提供支持和引导方面，家长应该成为孩子成长过程中的坚强后盾。当孩子遇到问题时，家长要给予耐心解答和正确引导，帮助他们解决问题，同时，家长还要引导孩子制订学习计划，培养自律意识。通过明确的目标和计划，孩子可以更好地管理自己的时间和注意力。

最后，监督孩子的学习进度并及时给予反馈也是家长的重要职责。家长要关注孩子的学习状况，了解他们的学习进度和困难，及时给予指导和鼓励。此外，家长还可以引导孩子参加一些有益身心的活动，如阅读、绘画、音乐等，这些活动有助于培养孩子的专注力和兴趣爱好。

我们知道，通过提高注意力，孩子可以在学习上取得更好的成绩和进步。作为家长和教育工作者，我们应该关注孩子的注意力和专注力发展，并提供必要的支持和引导。同时，我们也要鼓励孩子积极尝试各种方法和技巧，不断提高自己的注意力和专注力水平。

不要让考试压力影响孩子的自信和心情

我们先来分享一个案例。

小玲是一名中学生,平时学习勤奋,成绩优异,但每逢大考,她总会感到紧张不安,担心自己会考砸。这种情况在她备战一次重要的数学考试时愈发严重,她感到前所未有的压力,甚至开始失眠、食欲缺乏。

面对考试的压力,小玲是不幸的,又是幸运的,因为当她认识到考试压力以后,便运用了管理考试压力的策略方法来应对考试压力,经过一段时间的努力,小玲不仅成功地应对了考试压力,还找到了适合自己的学习方法。在考试中取得了优异的成绩,她也变得更加自信、乐观,面对未来的挑战也更加从容不迫。

大家想知道小玲是怎么做到的吗?

说起考试,作为我们每个人学习生涯中的一部分,它既是检验我们学习成果的重要手段,也是衡量我们综合素质的重要标准。然而,面对考试,许多同学都会感到紧张、焦虑,甚至产生压力过大的现象。

考试压力是我们每个人都可能遇到,又常常被我们所忽视的话题。希望通过这次分享,大家都能对考试压力有一个更为全面和深入的了解,同时也能帮助孩子学会应对它,让学习成为一件更加轻松、愉快的事情。

首先,我们来谈谈考试压力的定义。简单来说,考试压力就是在面对考试时,由于各种原因产生的紧张、焦虑等情绪。这些情绪可能会影响我们的心理状态,甚至干扰我们的正常发挥。

那么,考试压力的典型表现有哪些呢?

(1)情绪上的紧张不安,比如,失眠、食欲缺乏等;

(2)思维上的混乱,比如,记忆力下降、注意力不集中等;

（3）行为上的异常，比如，学习效率降低、过度依赖他人等。

这些表现都是考试压力在我们身上的反映，也是提醒我们需要警惕和应对的信号。

接下来，我们来探讨一下考试压力产生的影响。

首先，它会对我们孩子的身心健康造成负面影响。因为长期的压力和紧张，可能会导致身体机能的下降，甚至引发各种疾病。

其次，它会影响孩子的学习效率和学习质量。在压力下，孩子们往往难以集中精力，难以深入思考，从而导致学习效果不佳。

最后，它还可能影响孩子的自信心和人际交往能力。过度的压力会让孩子对自己产生怀疑，甚至对他人产生敌意，从而影响他们的人际关系。

我们认识了考试压力，也了解了考试压力产生的影响，那这些考试压力究竟是如何产生的呢？接下来我们一起来分析一下考试压力的成因。

我们先来看看内部因素。简单来说，内部因素就是我们自身的原因，包括我们自己的心态、期望、学习方法等。正是这些看似微小的因素，却在无形中给我们的孩子带来巨大的压力。因为，每个人的内心都有对成功的渴望和对失败的恐惧。这些心理因素往往会导致人们在考试前感到紧张和焦虑。

有些孩子在面对考试时，总是过于紧张，担心自己的成绩不好，担心自己的努力白费，担心自己考不好会受到老师、家长的责备，或者担心自己的排名会下降，这些担忧也在无形中增加了孩子的压力。这种过度焦虑的心态，无疑会让人在考试前夜辗转反侧，难以入眠，甚至会影响到考试当天的发挥。

每个人都有自己的期望，有些孩子对自己的期望过高，总是希望能够在考试中取得优异的成绩。然而，当现实与期望产生差距时，往往就会感到失落和沮丧。因此，在我们与孩子做目标设定的时候，一定要根据孩子的实际情况，设定合理的期望，避免给孩子过大的压力。

学习方法对于我们的学习效果有着至关重要的影响。一个好的学习方法，能够让人事半功倍，轻松应对学习和考试任务；不适合自己的学习方法，会让人在学习的道路上步履维艰，甚至陷入迷茫和困惑当中。正是因为学习方法不当，学习效率低下，在面对考试时，往往也会感到压力山大，甚至无法发挥自己的真实水平。

分析完了内部因素，接下来我们一起再来分析一下外部因素。

我们生活在一个竞争激烈的时代，无论是学校、家庭还是社会，都对孩子们的学业成绩有着极高的期望。这种期望往往就转化为孩子考试的压力，虽然考试压力的成因是多种多样的，但外部因素还是占据了重要的地位。

家庭期望、学校环境以及同学之间的不当竞争和对比，都会对我们孩子的心理产生影响。家长望子成龙、望女成凤的期望，学校对成绩的重视，以及同学们之间的比较，也都可能让孩子在考试时倍感压力。

首先，社会环境的影响。无论是升学、就业还是评奖评优，考试成绩都扮演着至关重要的角色。这种社会氛围使我们和孩子都不得不面对巨大的考试压力，甚至有些人会因为一次考试的失败而感到前途渺茫。

其次，家庭环境也是考试压力的重要来源。许多家庭都对孩子的学业成绩寄予厚望，甚至将孩子的未来与考试成绩紧密相连。家长的期望、唠叨和比较，往往会使孩子感到压力，不敢有丝毫松懈。

另外，一些孩子可能会因为家庭经济困难而担心自己的学费和生活费用，从而影响他们的学习状态和考试表现。

最后，学校环境对考试压力的影响。学校作为学习的主要场所，其教学质量、师资力量和课程设置等都会对孩子的学习产生深远影响。如果学校的教学质量不高、师资力量薄弱，或者课程设置不合理以及同学之间的不当竞争和比较，都可能导致孩子难以好好学习，从而在考试中感到压力倍增。

大家或许已经感受到，无论是日常的小测验，还是学期末的大型考试，考试总会伴随着一定的压力。这是非常正常的现象，然而，如何有效地管理这些压力，将它们转化为学习的动力，而不是阻碍孩子前进，这就值得好好探究一番了。

因此，我们和孩子都需要明白，考试压力并非全是消极的。适度的压力可以激发孩子的潜能，提高孩子的学习效率。然而，当压力过大时，可能会感到焦虑、紧张，甚至影响睡眠和食欲，这时就需要我们采取一些策略来管理这些压力了。

就如前面提到的小玲同学，当她意识到自己的状况是因为考试压力时，她运用了合理安排学习和复习计划，寻求家长、老师和同学等的帮助，进行适当的心理调适以及保持健康的生活方式等策略，来帮助自己管理考试压力。经过一段时间的努力，取得了好成绩。

接下来，我们就一起来探讨管理考试压力的策略有哪些。

1.合理安排学习和复习计划

当小玲意识到自己对考试有压力时，她首先做的是调整自己的学习计划。她根据自己的实际情况，制订了一个详细的学习计划，并严格按照计划执行。她每天都规定好学习时间和休息时间，确保自己在高效学习的同时，也能得到充分的休息。

我们要知道，制订一个明确、可行的学习计划可以帮助孩子更好地管理时间，减少因为时间不足而产生的压力。这个计划应该包括每天的学习任务、复习进度以及休息时间。记住，不要试图一次性完成所有的任务，而是应该将它们分解成小块，逐一完成。

（1）明确目标：设定明确的学习目标，包括掌握哪些知识点、提高哪些能力等。

（2）合理分配时间：根据学科特点和难易程度，合理分配学习时间，同时，要留出一定的时间用于复习和巩固所学知识。

（3）定期评估：定期对学习进度进行评估，及时调整学习计划，这有助于孩子了解自己的学习情况，保持学习的动力和积极性。

另外，还可以制订一个合理的复习计划。

（1）要根据自己的学习情况和考试要求，合理安排复习时间和内容。

（2）要将复习计划细化到每天的任务量，确保每天都能有所收获。

（3）还要保持复习计划的灵活性和可调整性，以便根据实际情况进行适时调整。

（4）鼓励孩子学会使用笔记、思维导图等工具来辅助记忆和理解，总结和归纳知识点，形成自己的知识体系等，掌握有效的学习方法可以提高孩子的学习效率，从而减轻考试压力。

以下是关于有效学习方法的一些建议。

（1）归纳总结：对所学知识进行归纳总结，形成知识体系，这有助于更好地理解和记忆知识点。

（2）多做练习：通过大量的练习，加深对知识点的理解和记忆，同时，也能帮助自己发现不足之处，及时进行调整和改进。

（3）注重思考：学习不仅是记忆知识点，更重要的是培养思维能力。因此，在学习过程中要注重思考，积极提出问题和解决问题。

2.寻求家长、老师和同学的帮助

案例中的小玲，当她意识到自己在数学上还有一些薄弱环节，于是她主动向老师请教，同时，她也和班上的同学一起复习，相互讨论问题。这样不仅提高了她的学习效率，还让她感受到了团队的力量。

家人、老师、同伴的理解和支持，将是孩子战胜压力的强大动力。所以孩子在备考过程中，鼓励孩子，要勇于向老师、同学和家长寻求支持和帮助。当遇到困难时，不要独自承受，要及时向他们倾诉和求助。同时，鼓励孩子积极参加学习小组、交流会等活动，与他人分享学习经验和心得，共同进步。

另外，如果孩子的考试压力已经严重影响他们的身心健康了，家长可以考虑寻求专业的心理咨询师或医师的帮助，提供针对性的心理疏导或治疗，帮助孩子们更好地应对考试。

（1）关注孩子的学习情况：家长和老师都要关注孩子的学习情况，及时了解他们的学习进度和困难。这有助于发现问题并及时解决问题，减轻孩子的压力。

（2）关注孩子的情绪变化：家长密切关注孩子的情绪变化，及时发现并处理他们的负面情绪。当孩子出现焦虑、沮丧的情绪时，家长要耐心地倾听他们的诉求，给予关爱和支持。

（3）给予正面的反馈和鼓励：当孩子取得进步时，家长和老师要及时给予正面的反馈和鼓励，增强他们的自信心和学习动力。

（4）创造宽松的学习环境：家庭和学校应该为孩子创造一个宽松、和谐的学习环境，让他们能够全身心地投入学习中。

（5）保持家庭氛围的和谐与温馨：家长应尽量营造轻松愉快的氛围，避免在孩子面前过分强调考试的重要性。同时，家长也要关注孩子的兴趣和爱好，支持他们参加一些有益身心的活动。

3. 进行适当的心理调适

案例中的小玲，在面对考试压力时，她并没有选择逃避，而是勇敢地面对。小玲学会了运用深呼吸、冥想等方法来缓解紧张情绪，同时，她还经常告诉自己："我已经做了充分的准备，相信自己一定能够取得好成绩。"这种积极的心理暗示让她在考试中更加自信。

小玲的方法听起来是不是很简单？但真正执行起来并不容易。

我们要知道，孩子在应对考试压力的过程中，保持积极的心态和自信是至关重要的。

（1）引导孩子正确看待挫折。在生活和学习的过程中，难免会遇到挫折和困难，此时，我们和孩子都需要正确看待挫折，将其视为成长的机会，积极面对并克服困难。要明白，考试只是检验学习成果的一种方式，它并不能完全代表孩子的能力和价值。需要正确地看待考试，把每一次考试当作是提升自己的一个机会。当孩子把心态调整好，把考试当作是自我挑战和成长的过程，那么，自然就能够更加从容地面对。

（2）引导孩子进行自我激励。鼓励孩子多给自己正面的反馈和激励，保持持久的热情和动力，增强自信心，去追求自己的目标和方向，同时，也要努力学会从他人的赞美和肯定中汲取力量，学会正面思考问题。当然，家长也要在生活中多给孩子正向的反馈和鼓励。

（3）引导孩子树立信心。让孩子充分认识到自己的优点和长处，树立信心，同时，也要让孩子相信自己的能力和潜力。每个人都有自己的长处和短处，要学会客观看待自己，发掘自己的优点和潜力，同时，也要相信，通过努力和坚持，一定能够取得好成绩。当孩子对自己充满信心时，他就能够勇敢地迎接挑战，战胜困难。

（4）鼓励孩子积极面对挑战。当我们和孩子一起面对考试时，要有积极的心态和信心，不要害怕挑战，也不要过分担心失败，要相信自己的实力和能力，相信自己的努力会得到回报，同时，也要学会从失败中汲取经验，不断提升自己。

另外，家长可以深入了解孩子的压力来源。

明确地知道孩子的压力来源，是学业上的压力、家庭的期望，还是人际关系的影响？通过与孩子的有效沟通，了解他们的真实感觉和想法，帮助他们形成正确的认知。同时，我们和孩子都需要正确地认知考试，把考试看作是一个机会，一个展示孩子学习成果的机会。

当然，当孩子确实感到焦虑、紧张时，不妨尝试一些有效的放松技巧，比如，深呼吸、冥想、瑜伽等，或者通过听音乐、看电影，或者与朋友聊天、看书籍等方式来帮助放松心情，这些技巧都是可以帮助平复情绪，缓解紧张的。

不过，如果孩子真的感觉考试压力已经严重影响了正常生活，可以考虑寻求专业心理咨询师或医师的帮助。专业人士可以为孩子提供针对性的心理疏导和治疗，帮助他们更好地应对考试压力。

4.保持健康的生活方式

案例中的小玲，意识到身心健康对于应对考试压力是至关重要的，因此，她非常注重饮食和锻炼。她每天都保证摄入足够的营养，同时还会进行适量的运动，如散步、慢跑等，这些活动不仅让她保持了良好的身体状态，还有助于缓解压力。

接下来，将和大家分享一些建议，帮助我们的孩子建立健康的生活方式。

（1）合理饮食是保持健康的基础。家长要引导孩子养成不挑食、不厌食的好习惯，鼓励他们多吃蔬菜、水果、全谷类食物以及富含蛋白质的食物。同时，要注意限制高糖、高脂、高盐食物的摄入，避免孩子过多食用零食和快餐。此外，家长还可以引导孩子学习营养知识，了解食物对身体的影响，从而更好地选择健康食品。

（2）规律的作息和充足的睡眠是保持健康的关键。家长要监督孩子按时起床、睡觉，保证每天有足够的睡眠时间。一般来说，中学生每天应保证8至9小时的睡眠。此外，家长还要注意引导孩子养成良好的睡眠习惯，如睡前避免使用电子产品、保持安静的睡眠环境等。

（3）运动是保持身体健康的重要途径。家长要鼓励孩子积极参加体育锻炼，每天保持一定的运动量。可以根据孩子的兴趣和特长选择适合的运动项目，如篮球、足球、羽毛球等，同时，家长还可以陪伴孩子一起进行户外活动,增进亲子关系,让孩子在运动中享受快乐。

（4）良好的生活习惯对孩子的健康成长至关重要。家长要引导孩子养成勤洗手、讲卫生的好习惯,预防疾病的传播。同时,要教育孩子注意个人形象的整洁和得体,培养他们的审美观和自信心。此外,家长还可以鼓励孩子参加一些社会实践活动,培养他们的社会责任感和团队精神。

考试只是学习过程中的一部分,它并不是衡量我们孩子价值的唯一标准。无论考试结果如何,都应该为付出的努力和取得的进步感到骄傲,所以,请不要让考试压力影响你和孩子的自信和心情。

高效学习法助力孩子成学霸

在这个信息爆炸的时代，学习不只是要记忆，更需要理解与有效的学习方法和技巧。然而，如何让孩子们在学习中找到有效的方法和技巧？这一直是我们家长和教育工作者共同关注的问题。影响孩子学习效率的因素很多，基于生理与心理的不同实质，不同的孩子对知识的获取兴趣有着显著的差异。比如，有的同学对文学特别感兴趣，有的同学则对数学感兴趣，有的喜欢物理，有的喜欢化学或生物，有的同学有语言天赋，感性思维特别好，有的同学抽象思维能力特别强，所以，我们需要结合孩子自身特点与兴趣，帮助他们找到符合他自己的方法和技巧。

怎样才能有更高效的学习方法和技巧呢？每个孩子都是独一无二的，他们有着不同的性格、兴趣和学习方式。作为家长，我们的任务是发现并尊重这些差异，同时引导他们找到适合自己的学习路径。我将从目标设定和学习规划、学习技巧的方法、怎样提高学习效率三个方面，与大家探讨如何帮助孩子们更高效地学习。

首先，目标设定。目标设定是激发孩子学习动力的关键。目标可以是短期的，比如一周内完成一本书的阅读；也可以是长期的，比如一学期内提高数学成绩。设定目标就像是给孩子的学习之旅设定一个目的地，让他们知道为什么要出发，以及将要到达哪里。

设定目标就像是在游戏开始时选择角色和任务，明确了目标，我们的学习之旅就有了方向。想象一下，如果我们的孩子能够像选择他们最喜欢的超级英雄一样选择学习目标，那会是多么激动人心的事情！

曾经有一位家长向我咨询他孩子不爱记英语单词怎么办，我给他出了一个妙招，效果特别好。通过了解我知道他的孩子正在读初三，是一个超级英雄的铁杆粉丝，我就开始为他设定去记住超级英雄名字和能力的任务。他的梦想是在三个月内成为单词大师，记住100个超级英雄的名字和他们的超能力。孩子不仅设定了这个目标，还制订了一个详细的学习计划。他决定每天学习5个新英雄，并且用画图和编写小故事的方式来记忆他们的特点。这样一来，学习单词不再是一件枯燥无味的事情，而是变成了一场充满乐趣的事。

这个案例不仅仅是单词学习，它还展示了如何将兴趣与学习目标结合。通过创造自己的超级英雄故事，不仅记住了单词，还锻炼了他的创造力和写作技巧。这种方法让学习变得有趣，也让目标的实现变得更加容易。我们在自己孩子身上是不是也可以发现这样的兴趣和方法呢？

其次，制订学习计划。制订学习计划是一门艺术，需要我们既要有远见，也要注重细节。一个好的学习计划应该包括每天的学习时间、每周的学习主题、每月的学习目标等。这样的计划可以帮助孩子们更好地管理时间，确保学习效率。

小张是一个热爱自然科学的女孩。为了准备即将到来的科学展览，她制订了一个详细的学习计划。她计划每周学习一个不同的自然科学主题，比如，第一周是植物学，第二周是动物学，以此类推。她还会在周末与家人一起参观自然博物馆，将所学知识与实际观察结合起来。通过这样的计划，小张不仅学到了知识，还培养了探索世界的兴趣。

最后，巧记忆。在学习中，记忆技巧就像是给大脑装上了一个超级记忆芯片，这个芯片如果运转速度快，储存量大，那么我们在学习的时候就可以为我们提供更好的算力。记忆就成为了响应大脑运行的有效前提。练习记忆技巧听起来是不是有点像是苦差事？但其实，只要掌握了正确的方法，也能变得像玩游戏一样有趣。记忆分为多种，我要介绍给大家的，就是几招让学习变得轻松又高效的秘诀！

让我们来聊聊"记忆宫殿法"。"记忆宫殿法"，也被称为"方法之家"，是一种古老的记忆增强技巧，最早可以追溯到古希腊时期。这种方法利用了我们对空间信息的强大记忆能力，通过将信息关联于想象的空间位置，来帮助我们记忆大量的信息。这个方法听起来就像是哈利·波特里的魔法，但其实它是基于我们大脑对空间记忆的强大能力。

想象一下，你的大脑里有一座巨大的宫殿，每一个房间都装满了你需要记忆的信息，那会是一种怎样的感觉？我要介绍给大家的，就是如何建造这样一个神奇的宫殿，让我们的记忆能力得到质的飞跃。因为我们的空间记忆能力远远超过我们的语义记忆能力。换句话说，我们更容易记住空间中的位置，而不是抽象的信息。所以"记忆宫殿法"能帮助你的记忆效率提升20%以上，尤其适用于复杂内容的记忆。等你建造了属于自己的记忆宫殿，在这座宫殿里漫步时，就能轻松地回忆起所有的信息。

首先，你需要在脑海中构建一个你熟悉的地方，这个地方可以是你的家、你的学校，或者是你最喜欢的公园。这个地方将成为你的记忆宫殿，每一个房间、每一个角落都将存放你的记忆。

接下来，你需要将你想要记住的信息转化为图像，然后放置在这个宫殿的各个位置。这些图像越生动、越有趣，记忆的效果就越好。

比如，你是一个历史爱好者，但你总是记不住那些复杂的历史事件和日期。那你就把每个历史事件想象成宫殿里的一幅画，每个日期就是画框上的标签。现在，只要你闭上眼睛，走进你的"历史宫殿"，所有的历史知识就像看电影一样在你脑海中播放。

曾经有一位学生告诉我，他通过这个方法考了地理的第一名。他在高中学习地理的时候，需要记住大量的地理知识。通过"记忆宫殿法"，他将自己的大脑想象成一个地球，每一个房间代表一个地理板块，比如，客厅是非洲，主卧是亚洲，而每一个家具代表一个具体的地理位置，比如，沙发就是南非，主卧的床就是中国。当他在脑海中漫步时，所有的地理知识就像电影一样在他眼前播放。

"记忆宫殿法"多么神奇啊！家长们可以在家与孩子一起尝试。

那么"记忆宫殿法"总结起来有一些什么关键点呢？

（1）图像化，将抽象的信息转化为具体的图像，图像越生动，记忆效果越好。

（2）故事化，构建一个故事，将不同的信息串联起来，让记忆更加有趣。

（3）重复练习，经常在脑海中重游你的宫殿，复习你的记忆，这样可以加深记忆印象。因为"记忆宫殿法"不仅仅是一种记忆技巧，更是一种思维的训练。

（4）个性化，每个人的宫殿都是独一无二的，根据自己的喜好和特点来构建你的宫殿。

其次，我们需要在记下来之后，把短期记忆转化为长期记忆。

大家有没有想过，为什么我们学了东西之后，过一段时间就会忘记呢？我们的大脑就像一个调皮的小精灵，它喜欢新鲜的东西，却不喜欢一成不变。所以，我们要学会用一些巧妙的方法来和它玩游戏，让它记住我们想要记住的东西，那我们就需要"重复复习"。重复是记忆的母亲，但不是简单地一遍又一遍行动。我们要有策略地重复，这就是"时间间隔策略"，就像我们种花，不是每天都去浇水，而是要给它适当的时间来吸收水分和养分。

比如，小李同学，他每次考试前临时抱佛脚，虽然能应付一时，但考完试就忘得一干二净。后来，他开始尝试使用"时间间隔策略"来复习，比如，今天学习了新知识，他不会马上复习，而是隔一天再复习，然后再隔两天，慢慢地，他发现这些知识就像刻在脑子里一样，怎么都不会忘记了。同时复习与新知识要结合。这就像是在旧衣服上缝上新补丁，既节省了资源，又让衣服焕然一新。我们在复习旧知识的同时，引入一些新的知识，这样可以让大脑保持新鲜感，记忆效果更佳。

又如，小王同学，她在学习历史时，总是喜欢把新的历史事件和已经学过的事件联系起来。比如，学习到法国大革命，她就会想，这与之前学过的英国光荣革命有什么不同？这样，她不仅复习了旧知识，还加深了对新知识的理解。

而且，我们要把多种复习方式结合起来。我们的大脑喜欢多样性，就像我们吃饭喜欢变换菜式一样。我们可以通过口述、书写，甚至拍照等各种方式来复习，这样可以激发大脑的不同区域，增强记忆的深度和广度。

其实我们很多人都只是单纯地阅读和背诵，这样效果并不好。我们可以尝试用思维导图来复习，把知识点用图形和颜色串联起来，这样，每次复习时，都能快速地在脑海中构建起知识框架，记忆效果大幅提升。

当然，有了高效的学习技巧，我们还要知道，学习是需要时间管理和规划的，这样才能达到我们最终想要的效果。

学习规划必须"设定每日计划"。研究表明，那些制订每日学习计划的学生，他们的平均成绩可以提高20%！是不是听起来就很心动呢？

如果你的孩子每天放学回家亲自参与制订了每日学习计划，那么他每天的学习任务就像是一道道美味的菜肴，需要有计划地去烹饪。

我们要协助孩子去做好这个规划制订，那就是"优先级排序"。按照任务的紧急和重要程度来排序，可以让我们的学习和工作效果提升15%。这就像是玩积木，先把大的积木放好，小的积木才能稳稳地放上去。

最后，要学会劳逸结合。为什么是25分钟？为什么是5分钟？这不是随便选的数字。研究表明，25分钟的专注时间，可以让我们的大脑保持在最佳的工作状态，而5分钟的休息时间，可以让大脑得到恢复，准备好迎接下一个挑战，我们叫它"番茄工作法"。

接下来，我们该如何实施"番茄工作法"呢？非常简单，只需要三步。

（1）选择任务：找出你需要完成的任务。

（2）设定计时器：把计时器设定为25分钟。

（3）专注工作：在这25分钟内，全力以赴，不要让任何事情打扰你。

使用"番茄工作法"，你会发现自己的专注力提升了，时间管理能力变强了，甚至连拖延症都不见了。这就像是给大脑做了个SPA，让它更加清晰和高效。

"番茄工作法"也是有技巧的。

首先，选择合适的任务：选择那些需要你专注的任务。

其次，避免干扰：在番茄时间内，把手机调成静音，告诉家人你需要专注。

再次，适当休息：5分钟的休息时间非常重要，可以喝水、走动，让大脑放松。

最后，持之以恒：开始可能会觉得不太适应，但坚持下去，你会发现它的好处。

所以，"番茄工作法"是一种简单易行的时间管理工具，它不仅能帮助我们提高学习效率，还能让我们的生活更加有序和充实。你只需要一个计时器，然后把你的学习时间分成25分钟的专注学习和5分钟的短暂休息，这样循环往复，你的专注力就能得到极大提升。

当然，我们还有其他很多高效学习技巧可以应用，比如，让孩子学会利用学习资源达到学习目标，包括网络资源和专业书籍。

在这个数字化的时代，我们的学习资源就像是一片汪洋大海。网络学习资源类型丰富，视频教程、在线课程、电子书应有尽有，就像是为我们的学习之旅提供一艘艘航船，载着我们驶向知识的彼岸。

就比如小华同学，他是个科技迷，但他的物理成绩一直不理想。自从他开始利用网络上的资源，他的物理成绩突飞猛进。他说："这些视频就像是我的私人教练，一步一步引导我探索科学的奥秘。"

搜索引擎就是我们的魔法棒，只要挥一挥，就能迅速定位到我们想要的学习资源。通过关键词搜索，我们不仅能节省时间，还能根据搜索结果的排名筛选出高质量的资源。

知名在线教育平台或学科专业网站，就像是我们的权威宝典，里面的资源经过专业审核，内容准确权威，能大大提升我们的学习效果。

网络学习社区，如论坛、问答平台等，是我们的交流圣地。在这里，我们可以和来自五湖四海的学习者交流心得、讨论问题，这不仅能促进我们对知识的理解和应用，还能提升我们的学习效率。

精选权威专业书籍，就像是我们的智慧之光。针对性阅读关键章节，建立读书笔记系统，运用批判性思维阅读，这些都是我们深入理解知识的法宝。

社群交流可以激发我们的学习热情。研究表明，80%的学生表示，在社群中与他人讨论学习问题，能够显著提升学习动力和学习效果。

互助学习，就像是我们的深化理解之钥。通过互助学习，学生对知识点的掌握率可以提升25%，这有助于我们对知识的深度理解和记忆。

学习是一场既充满挑战又充满乐趣的旅程。

每个人都有成为学霸的潜力，关键在于我们是否掌握了正确的方法。让我们一起努力，让我们的学习之旅充满乐趣！

有效管理社交媒体和屏幕时间

一提到社交媒体和电子屏幕，很多家长的眉头就皱得像拧麻花一样。随着科技的飞速发展，社交媒体和电子设备已经渗透到我们生活的方方面面，尤其是对于孩子们来说，它们的影响更为深远。因此，这成为我们每一位家长和教育工作者必须面对和解决的课题，特别是对于孩子们来说，社交媒体和屏幕时间的管理更是重中之重。但是您别着急，咱们一起慢慢捋，看看怎么能让这个"小麻烦"变成我们生活中的"小伙伴"。

首先，我得问问大家，你们孩子每天花多少时间刷手机、看电脑啊？是不是觉得时间过得飞快，一眨眼就过去几小时了？没错，这就是屏幕时间的魔力。根据相关研究显示，孩子们平均每天花费在屏幕前的时间超过了7小时！想象一下，如果把这7小时用来做其他事情，比如，阅读、运动或者和家人、朋友交流，那将会是多么宝贵的时间啊！接下来我们就来探讨这个话题。

1. 社交媒体和屏幕时间管理的重要性

从心理学角度来看，过度依赖社交媒体和电子设备会导致注意力分散、思维碎片化，甚至影响孩子们的心理健康。同时，长时间盯着屏幕也会对视力造成不可逆的损伤。因此，我们必须认识到，管理社交媒体和屏幕时间不仅关乎孩子们的学习效率，更关乎他们的身心健康和未来发展。

但是，也不要一提到电子产品家长们就如临大敌，我们不能一味地禁止孩子接触屏幕，因为社交媒体和数字技术也是他们学习、交流和了解世界的重要工具。关键在于如何平衡和管理，就像菜刀可以用来切菜，也可以用来伤人，关键在于使用者。所以，我们要教会孩子正确使用社交媒体和电子设备，让它们成为学习的工具、沟通的桥梁。

那么，如何有效地管理社交媒体和屏幕时间呢？

首先，我们需要理解孩子为什么会沉溺于短视频，不要说孩子，我们大人也同样沉溺于短视频。如果我们搞清楚了这个问题，也就能够更好地找到相应的办法。

其次，我们要了解这种行为背后的实质，而不是简单地自我设想地去管理或分配时间。基于人本能的唯乐原则与唯实原则，所以，人在没有相应与未来联系的需要时，就会陷入时间的漫长过程中，从而感受到无聊与难受，而短视频刚好成为了消除这种感受的最有效方式。这就是孩子以及大人喜欢沉溺于短视频的内在原因。我们也可以理解为是短视频消除了时间的存在感。

最后，短视频的重点是新、奇、异。无论是孩子或大人，这种大量的短视频更多是文化垃圾，无法为孩子的成长提供有益的帮助。孩子无法通过有效的选择从中获取有益的知识，而孩子又因为短视频荒废了学业。这就是我们为什么要对孩子进行屏幕时间管理的原因。

这就是我们要做的第一步：引导孩子们认识到社交媒体和屏幕的真实价值，认识时间和有效学习对于他们现在和未来成长的意义。让他们明白，虽然社交媒体和电子设备能带来乐趣和便利，但过度使用只会浪费时间和精力。

2.制定合理的屏幕时间限制

（1）年龄考虑：对于不同年龄段的孩子，他们的认知能力和自控力是不同的，例如，小学生可能需要更严格的时间管理。

（2）学业需求：学业是孩子的主要任务，因此，使用时间的限制应该优先保证他们有足够的时间完成作业和复习。

（3）兴趣爱好：每个孩子都有自己的兴趣和爱好，合理的时间限制应该允许他们有时间追求自己的兴趣。

（4）与孩子达成协议：家长与孩子可以共同决策，让孩子自己计划，写出相应的计划书，讨论符合双方共同意愿的协议。

明确协议规定：比如，周一至周五，每天使用电子设备的时间不超过1小时。

灵活调整：规定不是一成不变的，可以根据孩子的学业表现和行为习惯进行适当的调整。

（5）我们可以依靠技术帮助，更有效地管理孩子的屏幕时间。比如，时间管理应用：市面上有很多时间管理应用，可以帮助家长监控和限制孩子的屏幕时间。

比如，做好设备设置：许多电子设备都有内置的家长控制功能，可以设置使用时间限制。

当然，家长与孩子的互动和沟通是至关重要的。通过定期的交流，家长可以了解孩子的需求，同时能教育他们如何健康地使用电子设备。但是知道了这些方法，就可以让孩子做好管理吗？

给大家讲一个真实的案例供思考。

小华同学是一个12岁的男孩，对电子游戏和社交媒体非常着迷。他的父母发现，小华经常在完成家庭作业后，花费大量时间在电子设备上，这不仅影响了他晚上的睡眠时间，也减少了他参与户外活动和家庭互动的时间。在这个阶段，小华的父母尝试单方面制订了一些规定，比如，限制他每天只能使用电子设备1小时。然而，这些规定并没有得到小华的认同和遵守，他经常在父母不注意的时候偷偷延长使用时间，甚至在应该睡觉的时候偷偷玩手机。

小华的父母感到非常头疼，因为他们的规定似乎并没有起到应有的效果。小华的学习成绩开始下滑，他与家人的互动也变得越来越少。后来在我的建议下，他们在一次家庭会议上，小华的父母决定改变策略。他们邀请小华参与到家庭规则的制订过程中来，希望他能够理解并接受这些规定。

他们首先询问小华对电子设备使用的看法，以及他为什么觉得需要这么多时间。小华表达了他对游戏的兴趣和与朋友在线交流的需求。接着父母与小华一起讨论并设定了使用电子设备的目标，包括完成作业、保证足够的睡眠和参与家庭活动。于是他们一起制订了一套新的协议，包括每天使用电子设备的时间限制，以及在周末可以适当放宽限制的条件。协议中还包括了监督机制，小华需要在父母的帮助下记录每天的使用时间，并在超出规定时间时接受相应的限制。协议还设定了奖励和惩罚机制，如果小华能够连续一周遵守协议，他将获得额外的游戏时间或与家人一起外出的机会。

协议制订后，小华的态度有了显著的转变。他开始主动遵守协议中的规定，因为他知道这些规定是他参与制订的，而且他也理解了遵守协议规定的重要性。小华的学习成绩有了明显的提升，因为他有了更多的时间来复习和准备考试。他的睡眠质量得到了改善，因为有了固定的睡眠时间。小华同学与家人的互动变得更加频繁，他们一起参与户外活动，家庭关系也因此变得更加紧密。小华学会了自我管理，他开始意识到时间管理的重要性，并能够合理安排自己的时间。

所以，我希望告诉大家的是，规矩不能是家长单方面制订的"霸王条款"，而是要和孩子一起商量、达成共识。只有参与了，他才有主人公精神，这样，孩子们才会更愿意遵守这些规矩。

3. 引导孩子正确使用社交媒体

教育孩子理解社交媒体的本质，它是一种社交工具，而不是生活的全部。我们可以鼓励孩子利用社交媒体进行有益的信息获取和交流，比如，关注学术公众号、参与线上学习小组等。

同时非常重要的一点是，我们还要引导孩子注意网络安全和隐私保护，避免陷入网络陷阱。在这个数字化的时代，隐私就像是一块宝贵的金子，一不小心就可能被人挖走。

记得有一次，一位在我这里咨询过的同学小美，她在网上晒了一张自己的照片，结果被一个不认识的人点赞了。我赶紧告诉她："小美同学，你这是在社交媒体上'晒'自己，不是在海滩上晒太阳。记得要保护好自己的隐私哦！"

所以我们要教育孩子认识到隐私的重要性，让他们明白不是所有信息都适合分享。更要教会孩子如何设置社交媒体的隐私保护功能，比如，限制谁可以看到他们的帖子，谁可以给他们发消息等。同时告诉孩子们要小心网络诈骗，不要轻易点击不明链接，不要透露个人信息。家长应该定期检查孩子的社交媒体账户，确保他们的隐私设置是安全的，还可以通过一些模拟的网络安全练习，让孩子在实践中学习如何保护自己的隐私。

除了安全隐患我们还需要关注社交媒体对孩子们心理层面的影响。

根据社会心理学的研究，社交媒体上的信息洪流往往会导致孩子产生比较心理和焦虑感。他们可能会因为看到别人光鲜亮丽的生活而感到自卑或不安。因此，我们需要教育孩子正确看待社交媒体上的信息，认识到它往往只是人们生活中的一部分，而不是全部。

曾经有一位来访者，小李是一名高中生，平时喜欢在社交媒体上浏览朋友们的动态。她经常看到朋友圈里的朋友们晒出假期旅行的照片、美食、时尚的衣物以及各种精彩的生活片段。起初，她只是觉得这些内容很有趣，但随着时间的推移，她开始感到一种难以名状的不安。

她开始羡慕朋友们的生活，她觉得自己的生活相比之下显得平淡无奇。她开始花费更多的时间在社交媒体上，试图通过点赞和评论来获得朋友们的关注和认可。然而，这种努力并没有给她带来满足感，反而让她更加焦虑和不满。她的学业成绩开始下滑，因为她把大量的时间和精力都花在了社交媒体上，而不是专注于学习。小李开始对身边的朋友们产生嫉妒心理，她觉得他们的生活比自己的好，这导致她在现实生活中与朋友们的关系变得紧张。长期的羡慕和嫉妒让小李感到焦虑和抑郁，她开始出现失眠、食欲缺乏等身体症状，甚至为了攀比，不断地索要更多的金钱，甚至严重到要与父母断绝关系。

她的父母意识到问题的严重性后，决定寻求专业帮助。经过一段时间，小李开始认识到自己的羡慕和嫉妒心理，并学会了如何识别和表达这些情绪。理解了社交媒体上的完美生活往往是经过精心策划的，并不是真实的生活全貌。后来通过一系列的活动和练习，小李开始建立自己的自信心，她学会了欣赏自己的优点和成就，开始更加积极地参与现实生活中的社交活动，与朋友们建立了更深层次的联系。

所以，我们一定要重视孩子社交媒体和电子设备的管理，有时候不仅关乎学业、时间，更加关乎心理健康。

大家知道为什么孩子愿意花大量时间在电子设备上吗？是因为他们在这个虚拟世界里找到了乐趣和成就感。根据一项针对青少年的调查，超过70%的孩子表示，他们在社交媒体上获得的点赞和评论让他们感到被认可和感觉自己很重要。从心理学的角度来看，这主要有以下几个关键点。

（1）即时满足：电子设备提供的是即时的满足感和反馈，孩子们可以立即看到自己的成就和进步，这让他们感到快乐和满足。

（2）逃避现实：对于一些孩子来说，电子设备是逃避现实压力的一种方式，他们可以在游戏中暂时忘记学习和生活的压力。

（3）社交需求：社交媒体满足了孩子们的社交需求，让他们有归属感。

那我们知道了为什么，就要想我们可以怎么做？我们作为父母就要为孩子提供真实世界更多活动的可能性，让他们参与进来，并且获得网络上不能获得的幸福与快乐。

童童是初中生，典型的电子游戏迷，每天放学后，他总是第一时间打开电脑，沉浸在虚拟世界中。他的父母找到学校老师，打听他可以参加的活动，希望他走出游戏的世界，最后找到了篮球这项运动。他们多次鼓励童童参加学校的篮球训练。起初，童童对此并不感兴趣，但在父母的坚持下，他开始尝试。开始时，他觉得篮球训练很累，而且担心自己做得不够好。但随着时间的推移，他发现自己越来越喜欢这项运动。篮球不仅锻炼了他的身体，更重要的是，他自己开始减少在社交媒体上的时间，因为他通过这项运动发现了自己的特长，原来我是这么擅长进攻和跑跳！对自己瞬间充满自信，而且因为他的优良表现，教练还让他担任队长，这可让童童高兴坏了，从来没有在学校里获得过任何的荣誉和奖励，这无疑使他获得了成就感。而且，作为一个小领队，他开始要管理自己的球队，处理好球员之间的关系，这在很大程度上锻炼了他的领导力。不知不觉中，他将团队带出了高水平高风采，还收获了一大批粉丝以及真心的朋友！他的社交圈子也从曾经自己那个小小的房间角落，延展到了丰富多彩的世界。

所以很多时候，不是孩子走不出来，而是我们没有给他们走出来的机会和建议，当他们深陷其中时，看不清楚，作为父母就要拉他一把。我们可以引导孩子们参与户外活动、体育运动、阅读书籍等有益身心的活动，让他们意识到生活中还有许多其他精彩的事情可以做。通过这些活动，我们就可以帮助孩子培养健康的生活习惯和兴趣爱好，减少对社交媒体和电子设备的依赖。

最后，我想强调的是，社交媒体和屏幕时间的管理是一个系统工程，需要家长、学校和社会共同努力。我们要加强宣传教育，提高家长和孩子对社交媒体和屏幕时间管理的认识，同时，我们还要加强监管和引导，确保孩子能够在健康、安全的环境中成长。

第三辑

帮助孩子建立健康的人际关系

03

帮助孩子拥有良好的同伴关系

我们都知道，同伴关系是一个孩子社会性发展的重要部分，对于孩子来说，朋友的存在有多重要。你家的孩子是否处在健康的同伴关系中？家长又该如何避免孩子的交友不慎呢？

我们先来看一个案例。

小米是一名三年级的学生，学习成绩优异，但是运动却是她的弱项，每次上运动课她都很不自信，一次篮球课上，要完成一个传球任务，因为她传球不准确几次都没有成功，小米非常气馁，她的同学小七不断地鼓励她说"没关系，再试一次，你一定可以的，加油"，在小七的鼓励下，她成功地把球传给了小七。

从这个案例当中我们可以观察到良好的同伴关系，可以给孩子带来哪些影响呢？

首先，良好的同伴关系对孩子的自我认同和情感发展具有重要的意义。

在正确的同伴关系中，孩子能够体验到友情、关爱和分享等积极的情感，有助于培养他们的同理心和关爱他人的能力，同时通过互动，孩子能够认识到自己在群体中的位置和价值，形成自我认同，还能学会如何处理冲突、表达情感，从而提升自己的情感管理能力。前面的案例中，小七对小米不断的鼓励，可以让小米学会如何关爱他人，通过小七的鼓励，小米逐渐自信起来，也促使她形成了良好的自我认同感。

其次，良好的同伴关系还能够促进孩子心理健康的发展。

同盟关系能够帮助孩子建立和保持与他人相互依赖、合作的关系，是心理健康的基本表现。大量的研究结果表明，儿时对于同伴关系的处理，会影响成年后的交友。同伴的存在，可以培养孩子用他人眼光、从他人角度出发，来认识情景和发现问题的能力，能让孩子初步懂得和他人换位思考，具备同理心。就像前面的案例中，小七展现出来的友善、支持和乐于助人，也给小米带来了积极正面的影响，更能让小米学会同理他人，也为她成年后的同伴关系，带来了积极的影响。

最后，健康的同伴关系在孩子的社会化进程中具有关键的作用。

小学阶段的同伴关系是他们人际关系发展的关键期。在与同伴交往的过程中，孩子能够学习到社会规范、价值观和行为准则，在与同伴关系的相互作用中，孩子对于各类行为问题能够得到充分的试验机会和反馈结果，从而调整自己的行为，学会如何与他人建立关系、维护关系，为将来的社会交往打下坚实的基础。

良好的同伴关系能够带给孩子积极正面的影响，那恶劣的同伴关系又会给孩子带来什么负面影响呢？

长期与消极、有攻击性或情绪不稳定的人为伴，可能会使我们感到焦虑、抑郁或产生自卑感。比如，你的朋友易怒，总是喜欢命令你做一些事情，如果你不按照他的要求做，他就会情绪激动、发脾气甚至进行人身攻击，长期和这样的人相处，容易使人变得小心翼翼、唯唯诺诺。这样的同伴关系可能会加剧我们的压力和紧张感，影响我们的自我认同和自尊心。

如果孩子的同伴缺乏学习动力或者对学习持消极态度，孩子可能会受到他们的影响，降低对学习的热情，此外，与那些经常旷课、不遵守学校规定的人在一起，孩子也可能会陷入同样的不良行为，从而影响学习和成长。

一些研究发现，持续与不良行为同伴相处，这些孩子更容易表现出攻击性和抑郁的行为，同时，同伴关系中的欺凌行为也会给孩子带来严重的心理创伤。因此，我们需要密切关注孩子的同伴关系，及时发现和处理不良的同伴关系，保护儿童的身心健康。

想要孩子建立和谐的人际关系，那么学会解决同伴关系中的冲突，是必不可少的一项技能。

我们每个人都有自己的需求，当同伴之间有一方的需求无法得到满足时，冲突就可能发生。冲突可能发生在任何地方，比如，在教室里，两位小朋友都说这支铅笔是他们的；在放学路上，同学之间讨论课堂上的问题，各执己见；彼此厌恶对方的同学，这种情况冲突发生的可能性更高了；哪怕是关系很好的同学之间，也会发生冲突，我采访过一些小学生，问他们会不会和好朋友吵架，一般都是因为什么原因而吵架。有一个特别有意思的回答："两个好朋友会因为彼此拥有朋友的多少而闹矛盾，朋友少的一方会觉得不公平，为什么她的朋友比我多。"从这个回答中也不难看出，小学生很想要交到更多的朋友，也会困扰如何才能交到更多的朋友。所以，如何协助孩子处理好同伴关系，也是父母的必修课。

既然冲突无处不在，那么遇到冲突我们该怎么处理呢？是撕破脸皮吵一架？无论是输赢，都会给双方带来不良的后果和损失。比如，两个人不再有交流，甚至变成"敌对"关系；在学校里的矛盾会影响回家后的心情，容易影响和父母的关系；无论是谁赢，总有一个人会感到受伤、委屈，其他人会觉得惭愧、抱歉。

前面我们说到的"一定要争个输赢"的解决冲突的办法，都不是我们所提倡的，这两种方法无疑会给孩子的同伴关系带来不利影响。接下来我将给大家讲解一种"和平"的解决冲突的办法——共赢，即无输家的解决冲突法。

当同伴之间发生了冲突，我们可以从以下几个步骤化解冲突：先让冲突双方一起界定各自的真实需求；在不评价和不评判解决方法的前提下，尽可能多地想出解决办法；评估所有的解决方法，并去掉那些只有一方能接受的方法；再从剩余的方案中，选择出能够同时满足彼此需求的最佳解决办法；根据解决办法制订行动计划并执行；最后，在执行中检验办法是否可行。

在我的一次青少年的课程中，有个女生看起来比较内向，在前半部分的课程中，她都很难融入集体活动中，有一天在讨论一个课题的时候，这个女生就提出了她的一些想法，没想到遭到了其他同学的反对，大家都评判她的想法很可笑，这个女生非常生气，并且坚持认为自己的想法是对的。大家在讨论的过程中各执己见，争得面红耳赤的。因为我们课题的目的就是要求他们的意见达成一致。于是我建议大家使用刚刚学到的六个步骤，先把双方的需求提出来，然后头脑风暴罗列出所有的解决办法，再选择出最佳方案并执行。

在一起讨论的过程中，大家逐渐了解了这个不怎么说话的女生，意外地发现这个女生很擅长沟通，也乐于表达，只是融入新环境比较慢热。大家相互了解过后，都非常愿意跟她一起玩耍。

所以面对冲突我们不要害怕、退缩，相反，冲突可以带来机会，会给我们的人际关系带来建设性的改变，被解决的冲突可以促进同伴之间的好感。共赢的解决冲突法，可以促使孩子的同伴关系更加和谐，成人也一样，大家可以试试看，说不定会带来不一样的惊喜。

接下来给大家分享一个故事。

两个小朋友在公交站台不知道什么原因发生了一些冲突，他们先有一些肢体上的碰撞，后来由"武斗"变成了"斗舞"。他们小小的身体却拥有大大的智慧，使用了不伤害彼此、和平的方式，解决了他们之间的冲突。这就是无输家解决冲突的办法呀。

如果有一天，你发现你的孩子在和同伴交往时，一味地讨好对方，总是处于被动服从的地位；或者孩子已经出现了一些行为问题，他学会了骂脏话或攻击他人；又比如孩子经常被他人嘲笑轻视；更甚者孩子出现了自信心萎靡或情绪问题。这就已经表明孩子已经陷入了不良的同伴关系。那么爸爸妈妈可能就需要采取行动，协助孩子处理同伴关系了。

知道孩子交了"坏"朋友，父母该如何去协助孩子呢？

如果孩子只是偶尔、无意识地模仿一些坏的言行，我们无须过于敏感，模仿是孩子通过他们的语言、动作的重复体验来认知信息的过程，有很多都会自行消退。如果孩子并没有频繁地出现行为问题，这恰好是引导孩子明辨是非的大好时机，父母不必如临大敌一般对待，清晰告知他们这个话不能说，说出来会伤害别人，这是不文明的话，等等，如此表达我们这样的观点就可以了。

不要一味地杜绝和"坏朋友"接触，禁止小孩和个别坏孩子接触这几乎是不可能的，一是小学生之间的活动范围本来就相对固定，二是孩子会感到自己的交友权被侵犯了，他们会认为"难道我连交朋友的权利都没有吗？父母是不是管太多了？"三是孩子需要有判断健康的同伴关系的能力，要培养孩子对危险和错误的敏锐度与判断能力，我们要知道温室里的花朵是经不起风吹雨打的，在人生路上，他们会遇到形形色色、各种各样的人，父母真正要做的是教导孩子如何拒绝朋友的不良请求，如何摆脱有毒的友谊以及如何明辨是非。

当我们发现孩子在交友过程中出现了一些问题和障碍的时候，如何去协助孩子建立良好的同伴关系呢？

小明正在上三年级，性格开朗热情，有自己的主见，但是在跟朋友和同学玩的过程当中，容易起争执，孩子喜欢主导别人，总是希望别人听自己的。这样同学或朋友就会觉得他很霸道，不愿意配合他，继而产生了一些矛盾争执，他回家还觉得自己挺委屈的，觉得自己没有恶意啊，只是想跟朋友玩。发生的次数多了，家长也跟孩子说要尊重其他小朋友的想法，虽然孩子当时能听进去，但还会继续发生这样的问题。

各位家长朋友，如果你们遇到类似的问题会怎么处理呢？

我们可以大致分为四个步骤来解决。

第一，实时关注孩子的交友情况，通过聊天初步去判断孩子的交友情况，比如，观察到孩子的状态出现了问题，可以问问他"你最近好像经常生气，是和小朋友发生什么事情了吗？你可以跟我分享一下吗？"再引导孩子去思考自己的行为是否正确。

第二，在了解孩子的交友情况之后，我们可以根据他描述的"他的困扰"来进行角色扮演，让孩子把遇到的人际交往问题情景再现。在这个过程中，我们可以多问问孩子"如果有人非要你按照他说的做，你是什么感受？你会怎么办呢？"，引导孩子换位思考，解决交友问题和冲突。

第三，明确原则，增加孩子的判断力。小学阶段的孩子，他们的内在秩序还不稳定，需要家长的帮助，明确自己言行的标准和原则，也要教导孩子是非对错，一旦做错事就要及时改正并承担后果。

第四，家长要鼓励孩子自我肯定、自己选择。多鼓励孩子能够激励他不断地进步，言语中可以用一些积极的语言，这些语言代表着父母对他的信任，也是他改善行为的动力。比如，对他的行为进行肯定"妈妈有观察到今天你们在玩游戏的时候，你有认真听取小张的建议和想法，你已经愿意去倾听别人，妈妈感觉到，你进步了好多"。

培养孩子与同伴交往的能力是一个循序渐进的过程，作为家长，我们一定要多关心孩子的身心健康发展，多与孩子沟通交流，并向孩子传授一些与人交往的方法与技巧。

孩子成长的道路上会遇到形形色色的朋友，父母在干涉孩子交友时一定要经过慎重的判断，最重要的是让孩子自己思考和判断，当然如果孩子的朋友确实存在品质以及行为问题，一定要减少与对方接触，引导孩子拒绝有毒的友谊，引导孩子打造新的交友圈。

缓解人际关系带来的困扰

关于减少青少年人际冲突导致的心理困境的话题我们分四个板块来探讨，第一，学生群体常见的人际冲突；第二，容易导致冲突的性格偏差；第三，冲突容易导致的心理困境；第四，如何预防与减少青少年人际冲突的发生。

1. 学生群体常见的人际冲突

在探讨学生群体常见的人际冲突之前，我们需要知道，对于每一位孩子来说，重要的人际关系有哪些？一是孩子与养育者的关系，即亲子关系；二是孩子与同龄人之间的关系，即同伴、同学、朋友等；三是师生关系，即与学校老师，或者某位受孩子敬仰的亲友长辈的关系。

这三种关系也是青少年个人社会支持系统，即父母、老师、朋友，他们共同或至少其中之一能为青少年提供非常重要的物质与精神支持。如果这个系统是健康稳固的，那么这个青少年哪怕遇到一些困难挫折，他也会在自己的社会系统里获得需要的支持，从而继续成长、发展自我。

但遗憾的是，有不少孩子他们无论在亲子关系中，还是师生关系里，或者同龄伙伴中都感受不到自己拥有良好的支持。这种情况下，孩子的成长就是很挣扎的过程，也容易产生心理困境。

理解了这些关系后，我们再来看对于青少年来说，比较常见的人际冲突有哪些呢？

一是在学校或者在社会团体活动当中感受到自己被忽视、排斥、冷落，无法融入集体；二是受到他人语言上的攻击，比如，被指责呵斥，或者自己的短板、缺点被取外号，被人身攻击，恶意传播，或者被人恶意地曲解，导致更多误会的产生；三是被网络霸凌，在网络的世界里被哄骗、揭露、排斥、诋毁、网络跟踪等；四是产生肢体冲突，殴打或者被殴打等。

我们会看到，不管是被排挤，还是被语言攻击，或者网络暴力，以及肢体冲突，对于青少年来说，冲突的发生主要在同龄人之间。而今天我们主要探讨的就是当孩子与同龄人，或与老师的关系产生冲突时，如何通过亲子关系的支持，协助孩子及时走出冲突产生的影响，从而避免心理障碍的发生。

2. 容易导致冲突的性格偏差

当我们来说这些性格偏差时，不是为了给青少年贴一个标签，因为青春期的孩子本身认知就不完备，情绪也容易波动，而我们要做的是通过一些现象，去识别那些可能性，从而及时有效地引导孩子减少冲突或者伤害的发生。

一是嫉妒。有的孩子对比自己强的人是不服的、仇视的，这样的孩子往往来自多子女家庭，可能受到父母不公正地对待，父母总拿他们互相比较，或者拿外面优秀的人来与自己的孩子比较。对于善妒的人来说，对方不一定做了什么伤害他的事，而就是优秀、自律本身，就会导致被看不惯，就可能导致被嘲讽等语言霸凌，甚至肢体冲突。

二是自傲。被家庭宠坏了的孩子，他们对自己有不切实际的高估，常常自以为是，不在意他人的感受，在这样的情况下别人跟他交往的过程往往是痛苦的。大家要么回避你，要么直面冲突。因为不懂得现实的边界，其实他们内心是很痛苦的，自傲是表象，内在可能是极其自卑的。

三是自私。凡事都只希望满足自己的欲望，而别人的需求、别人的感受一点都不会去考虑。

四是逆反。青少年在家庭生活当中或者师生关系的状态里面容易出现逆反行为，表现为抵触权威者的一些意见要求，无意识地为了反驳而反驳，强词夺理，或者采用无视、回避、冷漠的方式，总之直接或者迂回地对着干。

五是干涉。对别人的隐私、别人的事情过度关心，常以询问、打听以及传播他人的私事为乐。

六是恐惧。如果一个孩子的内心有很多的恐惧，跟人交往的时候会不由自主地感到紧张、害怕，比如，社交恐惧症。这样的孩子很难主动去引发冲突，但他恐惧胆怯与独来独往的状态，却比较容易吸引那些霸凌者。这样被动引发冲突又会加重他们的恐惧，成为一个恶性循环。

七是封闭。对于一个青少年来说,同龄人的交往是他们逐渐由家庭走入社会的重要环节,内心是非常渴望被同龄人欢迎和认可的,这对他们的自信心、行动力等的发展都很重要。但如果在成长过程中,他们不幸连续经历一些恶性冲突事件后,如果没有得到比较好的引导帮助,慢慢会因为恐惧、焦虑、自卑,而逐渐把自己的心封闭起来,不愿再与他人建立关系,不再信任他人,独来独往。如此他们又会招致一些冲突,就像前面的社交恐惧症一样,他会吸引那些霸凌者。

八是害羞。言语上的支支吾吾、行动上的手足无措,会比恐惧和封闭轻一些,但是依然容易吸引语言上的嘲讽、攻击。

九是猜忌。过分的敏感多疑,不由自主地恶意揣测他人意图,比如,看到两个同学在那说悄悄话,就会以为他们在背后说自己坏话,然后就生气了,这可能导致直接发生言语上的冲突,或者在后面的交往中就表现出很大的情绪,导致冲突的发生。

十是自卑。如果一个人总觉得自己不如别人,特别在意他人的看法,非常害怕别人嫌弃自己,也特别在意别人的一言一行是不是对自己有什么不好的看法,生怕引起别人的不开心、不被喜欢,会活得很累,也容易引发被动冲突。

前面分享的10种性情,前面5种比较容易主动引发冲突,后面5种往往容易被动引发冲突,如果没有人很好地协助化解,更容易进一步加重孩子的恐惧、封闭、害羞、猜忌、自卑。

3. 冲突容易导致的心理困境

调查显示青少年厌学现象的发生与人际关系不良有最直接的关系。在一份307例青少年咨询中,因为厌学咨询的个案有143例,占了咨询总量的46.5%,而其中因为人际关系不良导致厌学的咨询达到81个,占厌学个案的56.6%。

有一个13岁的女孩,从小学到初中一直都是努力学习的那种好孩子,成绩也很稳定,初一下学期时突然就给父母说不想去学校了,并反复用各种理由请假。后来经过咨询,原来是因为她最好也是唯一的朋友和她闹矛盾后,和别人做好朋友了,不理她了。

知道了根源，也就有了解决的办法，在家长、老师的共同协调下，孩子与朋友化解了矛盾，重新建立了关系。老师也有意识地邀请孩子参加更多学校、班级活动，不再任由她默默地学习，提升孩子的影响力，扩展她的社交圈。孩子在这样有意识的带领影响下，越来越阳光开朗了，再也没提不去学校的事情。

在我们看来，可能觉得有些匪夷所思，一个学生怎么能因为友谊的困扰就不上学了呢？有这样的感叹，说明我们还不明白对于青少年来说友谊在他们心中的分量。随着孩子年龄的增长，越来越需要在同龄人中获得认同感、归属感，其所占的比重甚至可以达到80%，远大于家庭对他们的影响。

我们再来看人际冲突与抑郁症。2022年抑郁症蓝皮书调查显示，学生产生抑郁症的原因，其中排得最高位的就是人际关系，其次是家庭关系，包含孩子与父母的关系，也包括父母之间的关系，家庭氛围是否温馨安全，也会影响孩子的心理健康。

人人都离不开交往，交往是人类最基本的也是最重要的需求，青少年的人际交往主要在同学、老师、父母之间，无论哪一个关系出现危机，都会直接影响青少年情绪情感的变化，从而影响学习，影响个人成长，影响心理的健康。

4. 预防与减少人际冲突的发生

我们无法决定孩子会遇见什么样的同龄人、什么风格的老师，但我们能决定孩子拥有怎样的家庭支持系统。让孩子在家庭少受伤害，减少冲突的发生，并在别的关系里有冲突发生时也能在我们的家庭支持系统下得以及时化解。

首先，人一定是在被接纳、被理解、被关爱的时候才会做一个平和的人。所以反观一下，我们的家庭环境是否安全？孩子是否能够被我们充分理解与接纳？是否能够敞开心扉与我们交流？对于每一个青少年来说，有一个安全的放松的倾诉环境非常重要。

很多家长以为，孩子已经长大了，生活能自理了，学习上也操不了多少心了，好像可以放手一些了，其实不是这样的，甚至，青春期的孩子更需要父母，只是需要的方式不一样了。

对于中学阶段的孩子来说，父母特别要注意的是他们的需求，远远不止小学阶段的理解与共情，他们还需要父母在关键时刻能够把他们从思想的误区中拎出来，这也是为什么说中学阶段的孩子其实最需要父母。

我们通过两个案例来感受一下。

案例1：一个初二的孩子，原来很少请假，可是最近总是在自习课、非主课时请假。孩子妈妈首先扛住了心里的担忧，没有劈头盖脸责骂孩子对学业不负责，而是耐心平静地与孩子交流，听听在孩子身上，究竟发生了什么？原来孩子认为："学校老师都太烦了，总是针对他，挑他毛病！"

找到原因后，孩子妈妈也没着急否定或者为老师辩解，而是继续平静地问孩子，老师的那些话只是针对你说吗？孩子说不是，因为每天老师都会说无数次那样的话，对很多人说。

妈妈再问，那你觉得老师是针对你的吗？孩子说，应该不是。妈妈又说，你认为老师在某些事情上针对你，但你看到老师有另外一些事情上很认同你吗？孩子想了想，那倒是有的。于是在妈妈的提示下，孩子说。我历史学得很好，老师多次表扬我，还有英文老师说我底子特别好，是拿高分的料。数学虽然比不过很多同学，但老师总是鼓励我，而班主任呢，这学期还接受了我的一个意见……

你看，当孩子回忆起学校老师们对他点点滴滴的好的时候，不用妈妈再多说什么，他已经从之前的那种"老师都很烦，全都是针对我"的认知与情绪状态里出来了，孩子自己就把自己给说好了，乌云也就散去了。

案例2：一个初中的男孩，他给爸爸吐槽说：哎呀，我们某科老师做事非常不公平，总是喜欢那些成绩好的学生，对学习不好的学生都不正眼瞧瞧。

父亲就问他，那你觉得自己属于哪一类学生呀？孩子说自己是后者。父亲既没嘲笑也没指责，而是再问他，那你都怎么对待老师们的呢？儿子继续说：老师不是看不起我吗？那我就要捣蛋，专门和老师对着干！

父亲说，你很有个性嘛！但是呢，你有没有想过你这样做的结果是什么呢？儿子答：不就是考不上学吗？无所谓，反正有很多成功的大老板都没有学历，将来我也弄个大老板当当，说不定大学生都给我打工呢！

父亲说：你很有志气！可是你当了大老板，是喜欢那些工作业绩差还专门和你捣蛋的员工呢，还是喜欢那些工作业绩高也听从你指令的员工呢？

父亲的话一出口，孩子瞬间就明白了，和老师对着干，可能不是让老师生气，反而是把自己给耽误了呀，这账原来一点都不划算！

就这样的一次谈话后，孩子迅速地调整了自己的状态，学习态度、性情都大为改观。

这两个案例，就是父母的家庭支持系统给到孩子精神层面的指引，把孩子从"坑里"拎了出来，孩子就不会继续陷在与老师的对抗冲突之中。

但要做到这点，其实是不容易的，因为作为父母的我们在看到孩子有冲突状况的时候，往往因为担心而容易进入紧张、焦虑的状态，但是这种状态对帮助孩子是没有任何意义的。

一定得是父母先稳住自己的情绪，才有能力去共情和倾听你的孩子，孩子感觉给你诉说是安全的，你才能走近他，并且，你不仅能让他的情绪得以舒缓，还能够引导他们多维度地看待事情，看得更宽广更高远的时候，孩子自己就有了更好的选择。

所以，爸爸妈妈一定要主动学习，不断提升自己的思想维度，唯有如此，你才可能在你的孩子遇到困境时有感知、有步骤地引导帮助他们。这是一种能力，更是需要每一位父母刻意培养的习惯。

在这里我还是要强调，父母是孩子的第一任老师，如果你希望孩子性情平和、善于沟通、逻辑清晰，那么请你自己先做到，并且在与孩子互动时耳濡目染地传递给他们。

如何与老师高情商沟通

说到家校沟通这个话题，我们就会想到我们常常都需要和老师沟通，那怎样沟通可以更好地帮助我们的孩子成长，并且能实时地关注到我们孩子的学习以及生活情况呢？那接下来我们就来聊一聊怎样做家校沟通，对于父母而言会更轻松一点，对于老师而言，沟通也会更顺畅一点，对于我们的孩子而言，可以生活在更温暖的环境中。我们先来看一个案例。

有一个女孩儿叫雯雯，雯雯的成绩非常不稳定，忽高忽低。在班里和同学相处又总是格格不入，当老师或者同学要求她帮忙时，她会比较胆小。老师上课叫到她的时候，雯雯会不自觉地流露出害怕的情绪。老师很想帮助雯雯调整她的状态，于是和孩子做了一次沟通。发现这个孩子的父母对她的学习要求非常高。孩子在学习上稍微有点不太明白，就会不停地给孩子讲，然后要求孩子反复地做练习。所以孩子很害怕，非常没有自信心。在这种情况下，老师觉得很有必要和雯雯的妈妈聊一聊。老师就先是和雯雯妈妈聊了聊雯雯在学校的情况，表扬了孩子在学校的成绩，表达了雯雯是一个具有良好品质的女孩。接着老师就说到雯雯的一些不佳的表现，从孩子做事的过程当中可以看出孩子会显露出胆怯和不自信，害怕自己做得不好。这个细节也反映出孩子在家里的长辈面前是长期得不到肯定的，长期下去，雯雯的优势都会转成劣势。雯雯妈妈也很着急，毕竟孩子已经是青春期了。接下来老师也不断地和妈妈沟通，在妈妈改变的时候，能够明显看出孩子的进步，课堂上更大胆地举手了，回答问题的逻辑思维也很严谨，回答得非常精彩。孩子的成绩也从高低不稳的状态走向了一个比较平稳的状态，还会帮助老师去做好班上学生的管理工作。所以我们发现在家校沟通方面如果我们做得好的话，对孩子的帮助是非常大的。

很多时候我们家长一接到老师的电话就战战兢兢，害怕老师找自己告状，害怕面对老师。所以当老师和家长沟通孩子的行为表现时，有一点不妥当，立马表态要收拾孩子。可是很多时候老师并不是想要家长收拾孩子，而是希望和家长沟通进一步了解孩子的情况，这样可以更好地帮助孩子。这才是家校沟通最重要的意义。家长正向地去了解孩子在学校的情况，而老师也能及时了解孩子在家里面的情况，这样双方的信息互通，才能够更好地去帮助我们的孩子成长。

什么是家校沟通呢？家校之间的沟通就像一个永恒链条，在这个链条当中，学校是主体，家庭是温床，社会是沃土。老师和学生家长之间是一种特殊的人际关系，是一项能动性的谈判交流艺术。所以我们说家校联动，才能够培养出一个健康和优秀的孩子。

首先，家校沟通可以帮助孩子在学校和家庭都能够得到关心和支持，因为无论是老师还是家长，都非常关注孩子，而我们不仅要关注孩子的学习，也要关注孩子的生活和心理，在这种情况下才能够形成一个良好的成长环境，让孩子感受到来自老师和家长的关心。

其次，家长通过和老师的沟通能共同激发孩子的学习兴趣，增强孩子的学习动力，让孩子更加积极主动地参与学习，并且家校沟通有助于及时发现学生可能存在的问题。因为有的孩子在学校可能是一个样子，在家里面又是一个样子，当在学校表现不好的时候，在家长面前表现得就会更好一些。那么通过这样的沟通方式，就能够及时地了解孩子的心理状态以及孩子们目前的一些想法，更好地去帮助孩子成长和状态。

最后，家校沟通是非常有助于家长和老师共同制订学习目标，帮助孩子朝着他的目标去前进的。所以家校沟通的重要性不言而喻。

家校沟通不是单方面的，不是只有老师说家长听，也不是只有家长说，老师听，一定是双方互通信息才能够顺畅沟通。但是在沟通当中，我们常常会发现一些问题的存在。

第一个就是信息不对称。什么叫信息不对称呢？就是家长和教师之间对在校学生的情况了解不足，然后就没能真正地发现孩子的问题。举个例子，我们之前有个孩子，这个孩子在学校平常表现是不错的，有一天老师给家长打电话说孩子作业没有做完，要求留下来，把作业做完。家长听说孩子没做作业，心里面也是非常着急，但是家长也清楚，孩子不喜欢被留堂，因为这个孩子的自尊心是比较强的，所以家长就跟老师沟通说可不可以先让孩子出来，我去了解一下为什么没有完成作业，再来跟老师进行沟通。老师就同意了。孩子出了校门以后，家长接到孩子后，先是安抚孩子的情绪，和孩子去沟通。之后发现孩子不是不完成作业，是真的把信息看掉了，完全忘记了这个事儿，孩子没有及时去查看对应的信息，所以就没有做这个作业。第二天孩子到校也向老师承认了错误，并且保证以后一定按时查看信息并保证完成作业。

所以我们会发现很多时候如果说我们没有去关注孩子本身，老师打电话告诉家长，家长就把孩子批一顿，那么对于孩子来讲，可能完成作业就会变成一个他很讨厌的事情，这并不利于孩子的学习。

第二个就是沟通渠道不畅。很多时候我们会发现，虽然我们现在有非常多的沟通工具，比如，微信、电话，大家也很愿意在微信上面聊天，但是看文字就很有可能各自对应理解不同而造成误会。

第三个就是沟通的频率不足。当孩子发生问题的时候，双方都没有及时地跟对方做确认，比如，孩子在学校发生的情况，老师可能没有通知家长。孩子在家里面发生的一些行为，家长也没有跟老师沟通，看是不是在学校也出现了同样的情况。沟通频率的不足导致信息的缺失，那就有可能造成误会。

第四个就是缺乏目标向导。双方没有一个目标，就是这次沟通我们到底想要解决一个什么样的问题，没有目标可能就没有办法去促成孩子的发展。

第五个就是情绪化沟通。我们刚才说到很多家长在接到老师的电话的时候就已经很慌张了，老师说了什么可能都没有真正地听进去。

第六个就是缺乏共同的沟通平台。信息传递不及时，难以分享学生的信息。

第七个就是缺乏专业的指导。比如，在家庭教育或者在心理教育方面需要一些专业上的沉淀，如老师或家长缺乏专业教育背景，那可能就导致双方对于教育理念、方法的理解和期望是存在差异的。

第八个就是家庭背景的差异。家长和教师对于这个孩子要达到的学习目标是不一致的，比如说孩子的成绩在班上是中上，老师是希望孩子在保持现在的状态下能够再前进一点，可是家长对于孩子的期望更高，这就增加了沟通的复杂性。

第九个就是解决问题的方法不当。我们有一个案例就是孩子在学校发生了一些情况，老师通知家长到校，话里话外家长听起来就像是要劝退他的孩子，那这个时候双方的沟通就可能完全没有效果。

如果想要家校沟通顺畅，首先我们要知道家校沟通的五个原则。

第一，及时沟通，保证信息的及时性。当孩子发生状况时，我们能够及时地去和老师或者家长互通。

第二，尊重对方，在沟通的过程当中，老师要理解家长，家长其实也需要理解老师，在尊重对方的前提下进行沟通，会让我们的沟通更加顺畅。

第三，开放透明。就是大家都能够坦诚交流，去分享一些信息，避免出现信息不对称的情况，反而导致不良后果。

第四，合作共赢。这个其实是我们家校沟通当中最重要的一个原则。老师和家长互相合作，共同关心孩子的全面发展，共同去努力创造一个良好的学习环境。

第五，目标导向，家长和老师在沟通中要以孩子的发展为目标，共同制订并关注孩子的学业和生活目标。

那么我们要怎么建立有效的家校沟通渠道呢？

第一，电子通讯工具可以利用起来。微信、QQ、教育平台等，当然微信和QQ是我们目前使用的最普遍的工具。像孩子的班级，老师会随时在微信或者QQ上面发布学校的一些活动信息，也会发布一些孩子们在班里的生活情况，通过视频或照片的形式分享给家长们，让家长们了解孩子在学校的学习、吃饭、课外活动等情况。特别是当孩子有一些特殊情况发生的时候，老师都会通过微信的语音或者是微信的短信及时和家长进行沟通。如果是有急事的时候，会立即进行电话沟通。

第二，老师也会通过专业的平台给家长分享一些学习机会，包括专业的知识和教育理念，让家长们更好地去理解学校的教育理念和教学方法。

第三，强调家校沟通是双向的。鼓励老师去分享专业的知识的时候，也鼓励家长们去分享孩子在家庭当中的情况。

第四，家校的联合活动。现在学校活动非常丰富，通过家校的联合活动能够让家长对学校更加了解，对老师更加了解，对我们孩子的生活学习环境也更加了解。

第五，建立在线沟通的平台。

第六，定期反馈。及时的反馈可以帮助家长更有效地去了解孩子，了解学校。

当我们在家校沟通当中发生了纠纷或者是冲突的时候，我们要怎么办呢？

在我们这里做咨询的孩子小飞，有天在学校被打伤了，送孩子去医院的过程中，老师给家长打了电话，简单说明了情况，请家长到医院一起处理这件事。小飞家长来寻求意见，我们建议小飞父母首先要冷静，到医院后，先安抚孩子情绪，听孩子讲述事情经过。再和老师交流，听老师讲述事情经过，以及老师的想法。这时一定要保持倾听，在倾听的基础上保持尊重和理解。然后再来解决问题，这期间也可以听听孩子的想法，帮孩子争取自己的权益，保证孩子能得到一些帮助和支持。结果经过小飞父母和老师的倾听，小飞觉得自己也有不对的地方，才引起对方的过激行为，打人者本来很忐忑不安，听到小飞这样说，也觉得很愧疚，非常真诚地给小飞道歉，并承担全部医疗费用，小飞也原谅了对方。

所以在家校沟通当中，最重要的是如果遇到了纠纷和冲突，家长还需要做老师和孩子的润滑剂，帮助孩子更好地去向老师表达，也帮助老师更好地去向我们的孩子表达。让孩子和老师之间真正地建立合作，不仅在学习上建立合作，也在生活当中建立合作，这样才能帮助我们的孩子在学校更快乐，更好地去学习、去生活，也能够让家校沟通变得更加有效和积极。

引导孩子合理应对人际冲突

相信许多家长都会遇到类似的问题：当孩子与同学发生冲突时应该怎么办？当孩子与老师产生对立时该如何处理？甚至当孩子与父母之间发生争执时又该如何应对？这些都是我们在教育孩子过程中常见的挑战，作为父母，我们都希望能够找到有效的方法来引导青春期孩子正确地面对这些冲突。

我将从三个方面展开讨论。一是，我会探讨一些青春期常见的冲突案例。这些案例将帮助我们更好地理解孩子在学校和家庭中可能遇到的矛盾情况。二是，我们会深入分析孩子发生冲突的原因。了解这些原因，不仅有助于我们更好地理解孩子的行为，还能帮助我们找到更有效的解决办法。三是，我会介绍一些父母在面对孩子冲突时可以采用的引导策略。这些方法旨在帮助孩子学会如何处理冲突、增强他们的解决问题的能力，同时改善家庭关系。

我们经常谈到校园欺凌这个话题，全国所有学校都已收到了相关文件，要求各校注意校园欺凌事件的发生，并进行全面摸排。在摸排过程中，我们发现校园内打架事件较为频繁。我曾接到一个电话，说有个孩子在学校里打架了。打完架后，这孩子跑进厕所，把自己锁在里面，拒绝出来。老师、校长和德育处的工作人员都去找他，担心他在里面发生意外，但又不敢强行破门，于是联系了孩子的妈妈，请她来学校协助处理。

这位妈妈马上给我打电话，问我该怎么办。我告诉她，首先要冷静，不要急于处理。到学校后，先轻轻敲一下厕所门，然后耐心地对孩子说："儿子，妈妈来了，你放心，妈妈会帮你解决这个问题。"当孩子打开门后，不要责骂他，而是轻轻拥抱他，告诉他："没关系，我陪你一起解决。"

这位妈妈担心孩子不开门，我建议她如果孩子不开门，就告诉他："你别怕，妈妈会在这里陪你。如果你想明白了，随时可以打开门。"后来，我还教妈妈如何在孩子哭完后与他沟通。如果孩子不开门，又该怎么沟通。孩子妈妈仔细记下这些建议，然后赶到学校。

她按照我的建议，轻轻敲了厕所门，果然，孩子听到妈妈的话后就打开了门。妈妈轻轻拥抱了他，这个拥抱让孩子号啕大哭。孩子的哭声从五楼传到一楼，可见他当时的情绪是多么崩溃。孩子犯错后，他会担心、害怕、委屈、愤怒，甚至会责怪自己。如果此时父母再责怪他，问题不但不会解决，反而会恶化。

我告诉孩子妈妈，让孩子先哭完，再耐心询问他发生了什么。结果，孩子还没等妈妈问，就开始讲述事情经过。他和同学下象棋，同学想悔棋，他不同意，两人发生口角，打了起来。打完后，两人坐在地上觉得好笑，便握手言和，解决了问题。但班委告状说："老师，某某打了我们班的同学。"老师很生气，让班委叫那个孩子去办公室。老师的本意是先了解原因，再叫另一个同学过来处理，但班委传递的信息变成了："你打架了，老师叫你去办公室。"这让孩子觉得不公平，为什么只叫他一个人去办公室，于是他跑了。

妈妈先肯定了孩子坚守棋规的行为，后指出打架是不对的，但两人已经解决了问题。妈妈告诉孩子，她会去和老师沟通，让他放心。妈妈找到老师，把孩子的感受告诉老师，老师解释说自己并不是那个意思，是打算先了解情况再处理。由于传话的误差，导致孩子的不同感受。后来，老师和孩子解开了误会，并告诉孩子第二天会协助解决这件事，事情最终圆满落幕。

每当孩子在学校发生打架事件时，我们应深思熟虑，全面了解事件的来龙去脉，我们需要仔细探究事件的起因、经过和结果，以及孩子在其中的角色定位。

如果孩子是事件的主导者，我们应深入了解他的感受和出发点；若孩子并非主导，我们同样需要弄清楚他的感受和为何会发生冲突。只有当我们全面而准确地掌握了事情的真相，才能以更加公正、平和的态度来处理此事。

这样做不仅可以使事情得到妥善解决，更能避免给孩子贴上不必要的标签。在与孩子沟通时，我们需格外谨慎，以免误解或冤枉他们。因为一旦孩子感受到被误解或冤枉，他们可能会对老师或父母产生对抗情绪，这对双方来说都是非常不利的。因此，处理此类事情时，我们应保持冷静、理智，以维护良好的亲子关系和师生关系。

还有一个孩子，因为身材较为圆润，大家都习惯性地叫他"胖子""胖猪"。这样的称呼，其实给孩子的内心带来了不小的伤害。他逐渐变得不自信，而同学们的嘲笑更是让他倍感压力。在这种环境下，他的学习成绩也开始受到影响。

每天，他都会陷入深深地思考：为什么我会变成这样一个人？为什么我会长得这么胖乎乎的？要知道，青春期正是身体发育的时期，有些孩子在这个阶段稍微有些胖，其实是正常的生理现象。

然而，这个孩子却因为紧张而频繁进食，逐渐出现了恶心、呕吐等躯体化症状。当我深入了解他的内心世界时，我发现他对身边人的评价非常在意。不仅是同学们的嘲笑，就连父母的看法也让他倍感压力。

每当他和父母提起同学们叫他"胖子""胖猪"时，父母总是以"你看，就是因为你吃太多，长得太圆了，别人才会这么叫你"来回应。他们甚至建议他开始减肥。但对于一个十三四岁的孩子来说，过早减肥真的是一件好事吗？

事实上，孩子的身心健康并非仅仅取决于外在形象或他人的评价，更重要的是，他们需要从内心深处看见自我、相信自我。只有这样，他们才能建立起坚强的自信，勇敢地面对生活中的各种挑战。

上面提到的那个因言语而受伤的孩子为例，我教会他，当同学们叫他"胖猪"时，他可以用一种幽默而又不失礼貌的方式回应："那你就是'瘦猪'，我们大家都是猪，你也是猪我也是猪。"这样的回应既能够化解尴尬，又能让对方意识到自己的不当言论。

当然，每个孩子都有自己独特的性格和处事方式。如果孩子觉得直接回怼可能会伤害到对方，那么他可以选择用一种更温和的方式来表达自己的感受。

比如，他可以微笑着告诉对方："你这么说会让我很难受，我很在意你给我的这番评价。"通过这样的表达，孩子不仅能够保护自己的情感，还能让对方逐渐意识到自己的言行可能给他人带来的伤害。

在面对家庭矛盾冲突时，情况往往更为复杂。因为在这个事件中，父母和孩子都是参与者，很多时候在冲突发生的当下，父母可能无法完全理解孩子的感受。

比如，当孩子面临巨大的学习压力时，他们可能会感到紧张和焦虑，导致在学习上有些跟不上。这时，孩子可能会晚上熬夜做作业，导致第二天上课打瞌睡。父母可能并没有意识到孩子的困境，只是简单地责怪孩子上课不专心。这样的误解和冲突很容易引发更大的矛盾。

在这种情况下，我们需要耐心地倾听孩子的心声，了解他们内心的想法和感受。同时，我们也要引导父母反思自己的行为，理解孩子的处境和压力。当父母开始真正关心和理解孩子时，孩子也会更容易接受他们的建议和指导。通过双方的共同努力和沟通，家庭矛盾往往能够得到妥善解决。

无论是校园冲突还是家庭矛盾，我们都应该鼓励孩子以积极、乐观的态度去面对和处理。同时，我们也要给予他们足够的支持和理解，帮助他们建立健康的人际关系和心理状态。这样，我们的孩子才能更好地成长。

还有一个孩子，他在学校遇到了一个社交问题。他与一位同学共同参与了班委的选举，但在提交资料时，他比那位同学早交了一天。这本是一件小事，却没想到因此引发了一系列的问题。

那位同学因此感到不满，认为他违背了两人之间的约定，是一种背叛。于是，这位同学联合其他同学孤立他，甚至在他当选班委后，对他进行对抗，无视他在班级中的工作安排。这种情况让我们的孩子感到非常难过，甚至有些无助。

我了解到这个情况后，尝试帮助孩子分析这个问题。我告诉他，如果我是他的好朋友，我也会因为这件事感到不舒服。因为虽然我们并没有明确的约定，但在朋友之间，很多时候会有一种默契，期待彼此能在一些重要的事情上保持同步。所以，他的行为可能让那位同学觉得被忽视了，从而产生了不满。

我鼓励他主动找那位同学沟通，解释自己的想法，并尝试修复这段友谊。同时，我也建议他考虑辞去班委的职务，让老师重新选举，这样既可以避免进一步的冲突，也可以让他有更多的时间去处理人际关系。

我深知，当孩子遇到这样的人际关系问题时，他们很难立即平静下来，他们需要时间去思考、去适应。他们需要慢慢去理解人与人之间的复杂关系，学习如何去处理这些问题。因此，作为家长，我们需要有耐心，去理解他们，去引导他们。

通过这些经历，我更加深刻地认识到，读懂孩子的重要性。无论是面对社交问题还是学习问题，我们都需要站在孩子的角度去理解他们，引导他们。只有这样，我们才能帮助他们更好地应对生活中的挑战，成长为更加独立、自信的人。

在案例中，我为大家分析了每一个案例的原因和解决的方法，大家可以发现，青春期的孩子个性不统一，所以方法也不一样。我就多年经验来看，青春期的孩子发生冲突还是有一些相同原因的。

第一，我们再次聚焦于青春期孩子身心发展特点对人际关系的影响。除了之前提到的心理变化和生理发育，我们还需要注意到这一阶段的孩子正经历着从儿童向青少年的过渡，他们的思维方式和行为模式也在发生着显著的变化。这种变化可能导致他们在与人交往时表现出一定的不成熟和冲动性，从而增加了发生人际冲突的可能性。

第二，在心理层面，青春期的孩子开始对自己的内心世界进行更深入地探索，他们开始思考自己的价值、意义和目的。这种思考过程可能伴随一定的焦虑和不安，使得他们在处理人际关系时更加敏感和脆弱。同时，由于他们的认知能力和情绪管理能力尚未完全成熟，他们可能无法准确地理解和把握他人的情感和需求，从而导致在沟通中产生误解和冲突。

第三，生理上的变化也对孩子的人际关系产生了重要影响。青春期的孩子正处于身体发育的高峰期，他们的身体形态、生理功能和代谢水平都在发生显著变化。这些变化可能导致孩子在情绪上更加波动和不稳定，容易受到外界因素的影响而产生冲动行为。在与人交往时，这种冲动性可能表现为易怒、攻击性强或缺乏耐心等特点，增加了人际冲突的风险。

第四，家庭教育作为影响孩子人际关系的重要因素之一，也需要我们进行深入分析。父母的教育方式、家庭氛围以及家庭成员之间的相处模式都会对孩子的交往方式和人际关系产生深远影响。

如果父母在教育孩子时过于严厉或缺乏关爱，或者家庭氛围紧张、冷漠，都可能导致孩子在处理人际关系时缺乏自信和技巧。相反，如果父母能够给予孩子足够的关爱和支持，营造出温馨、和谐的家庭氛围，将有助于孩子形成健康的人际关系模式。

第五，我们还需注意到社会环境对孩子人际关系的影响。在当今社会，竞争压力、网络信息的泛滥以及价值观的多元化都使孩子们面临着前所未有的挑战。

学校的竞争压力可能导致孩子过于关注成绩和排名，而忽视了与同学之间的友谊和合作。网络上的负面信息可能误导孩子的价值观和行为方式，使他们在处理人际关系时采取错误的方式。而价值观的多元化则可能导致孩子在面对不同观点和文化时产生困惑和冲突。

那接下来呢，曾老师将为各位父母介绍一些应对冲突的有效方法。在面对冲突时，我们需要采取一种冷静、理智的态度，并借助恰当的方法来化解矛盾。

第一，建立一个良好的沟通机制是至关重要的。作为父母，我们要学会倾听孩子的心声。在倾听的过程中，我们需要保持耐心，不打断孩子的发言，这样才能让他们有机会完整地表达自己的想法和感受。通过倾听，我们能够更好地理解孩子的立场和需求，为后续的解决方案奠定基础。

沟通中，我们要鼓励孩子表达情感。当孩子向我们倾诉时，我们可以引导他们分享自己的感受，并询问他们在这件事情中的看法和想法。例如，我们可以问孩子："在这件事情中，你的感受是什么呢？你觉得对方的感受又是什么呢？"通过这样的问题，我们能够引导孩子深入思考，帮助他们更好地理解冲突的本质。

我们还要共同协助孩子解决问题。我们可以与孩子一起商量解决方案，并询问他们是否需要我们的建议。有时候，孩子可能只是需要我们的倾听和支持，他们已经有了自己的想法和解决方案。在这种情况下，我们应该尊重孩子的决定，不要过度干涉。

如果孩子表示无法解决问题，并请求我们的帮助时，我们可以适当地给出一些建议。这些建议可以基于我们过去处理人际关系冲突的经验，例如，教孩子如何与他人修复关系、如何向对方道歉或表达歉意等。

我们还可以采取一些具体的行动来帮助孩子解决冲突。例如，我们可以邀请对方的父母一起带着孩子出去玩，或者组织一些聚会活动，让孩子们有机会在轻松愉快的氛围中相互沟通和理解。此外，我们还可以鼓励孩子送一些小礼物给对方，以表达他们的歉意和友好态度。

第二，我们必须着重培养孩子的情绪管理能力。情绪管理的能力不仅关乎孩子日常的人际交往，更是他们面对问题、解决问题时的重要武器。一个情绪稳定的孩子，更有可能在复杂的环境中保持冷静，从而做出明智的决策和正确的行动。

我们都清楚，孩子们之间容易发生冲突，这往往与他们的情绪管理能力息息相关。因此，我们需要引导孩子去认识和了解自己的情绪。

每当孩子因为情绪而与同学发生冲突后，我们都应该坐下来与他们进行深入的对话。我们可以问他们："你今天感觉怎么样？你的情绪是什么样的？"通过这样的对话，我们可以帮助孩子觉察到自己的情绪变化，让他们明白自己的情绪是如何影响他们的行为和决策的。

我们还需要教会孩子一些有效的情绪调节方法。例如，深呼吸放松训练就是一种简单而有效的情绪调节方式。当孩子感到情绪激动或紧张时，他们可以通过深呼吸来平复自己的情绪。

我们还可以教他们学会暂时离开冲突现场，给自己一些时间和空间来冷静思考。当孩子情绪平稳后，再回到问题中去处理，往往能够做出更加明智的决策。

我们还可以培养孩子的积极乐观态度。当孩子遇到问题时，我们应该帮助他们看到问题中的积极面，让他们明白每一件事情都有好坏两面。我们可以与孩子一起分析问题的积极面，让他们学会从中汲取成长的力量。同时，我们也要教会孩子如何面对挫折和困难，让他们知道这些经历都是成长的必经之路。

第三，教会孩子们一些解决冲突的小技巧。

首先，我们要教会孩子学会倾听。倾听是解决问题的第一步，只有了解对方的想法和立场，才能找到双方都能接受的解决方案。因此，我们要引导孩子静下心来，耐心地听完对方的观点。在倾听的过程中，我们可以提醒孩子不要打断对方，而是要通过点头或回应等方式，表达自己在认真倾听。

其次，我们还要教孩子学会判断对方的话是否有道理。如果对方的观点是合理的，我们可以引导孩子思考如何接受并采纳；如果对方的观点存在问题，我们可以鼓励孩子提出自己的看法，与对方进行进一步的交流和讨论。

再次，协商是解决冲突的关键环节。在倾听和判断之后，我们可以引导孩子与对方进行协商，共同探讨解决问题的办法。在协商的过程中，我们要鼓励孩子表达自己的意见和想法，同时要尊重对方的观点，寻求双方都能接受的解决方案。

最后，在解决冲突的过程中，我们还要教会孩子控制自己的情绪。情绪化的处理方式往往会让冲突升级，甚至导致关系破裂。因此，我们要引导孩子学会保持冷静和理智，不要让情绪左右自己的判断和行为。当孩子感到愤怒或不满时，我们可以教他们通过深呼吸、暂时离开现场等方式来平复情绪。

除了以上这些技巧，我们还可以提前预防冲突的发生。这需要我们与孩子建立一些冲突沟通的机制，让他们在面对冲突时能够有章可循、有法可依。

例如，我们可以与孩子约定一个固定的时间进行家庭会议，让他们有机会表达自己的想法和感受，同时我们也可以借此机会了解他们的需求和困惑，从而及时化解潜在的冲突。

此外，培养孩子的同理心也是预防冲突发生的重要手段。同理心是具备理解他人、关心他人的能力，具有同理心的孩子更容易站在他人的角度思考问题，从而更容易化解冲突。

我们可以通过一些角色扮演或情景模拟的方式来培养孩子的同理心，让他们学会站在不同的角度看待问题。

在预防冲突的过程中，我们还要关注孩子的情绪和行为变化。定期了解孩子的情绪变化，可以帮助我们及时发现并解决问题。如果孩子的行为发生了变化，比如，变得孤僻、沉默或者易怒，那么可能是因为他们正面临一些自己无法解决的问题或者困扰。这时，我们要主动与孩子沟通，了解他们的需求和困惑，给予他们适当的支持和帮助。

帮助孩子构建健康的人际关系

孩子面对复杂的人际关系，冲突是难免的。孩子伴随着青春期自我意识的发展，在逐渐形成自己的价值观和世界观的同时，渴望得到他人的认同和尊重。然而，他们还没有完全成熟，往往在处理人际关系时会缺乏一些经验，也会遇到一些困难。虽然他们的身体已经愈发地接近成年人，但是在人际关系处理上，他们依然是孩子，需要得到家长的支持，以帮助他们更好地应对挑战，为未来的成长和发展打下坚实的基础。

为了更好地说明这个问题，我想先给大家分享一个真实的案例。

一年一度的"校园篮球争霸赛"再次来临，但今年的规定却引起了轩然大波。高三的篮球小明星明仔，因其精湛的球技，在校内外享有极高的声誉，自然也是满怀期待地准备参赛。然而，校方突然宣布高三毕业班不得组队参赛，这一决定让明仔及其队友们倍感失望和愤怒。

从理性的角度来看，这一决定可能是出于多方面的考虑。高三学生面临着升学压力，学业繁重，减少他们参与此类活动的时间，可以让他们更专注于学习。然而，这样的决策方式显然忽略了学生们对篮球的热爱和追求，他们在比赛中获得的不仅仅是荣誉，还有团队合作、竞技精神等方面的成长。

突如其来的禁赛消息令明仔和伙伴们难以接受。在得知决定后，明仔冲动地找老师对峙，试图通过争吵来解决问题。然而，这种做法并不明智。在沟通中，他们应该冷静地表达自己的观点和诉求，而不是用情绪化的方式去对抗。同时，班主任王老师的态度也值得商榷。他不仅没有理解学生们的感受，反而用指责和批评的方式回应，这无疑加剧了双方的矛盾。

至于明仔挥拳打伤王老师的行为，激动反应虽可理解，但绝非最佳解决之道。在沟通中应理性表达，而非情绪对抗。班主任王老师的态度同样需要反思，指责与批评只会加深矛盾。而明仔的冲动行为更是错误，不仅违反纪律，更伤害了他人。面对冲突，我们应该保持冷静和理智，用和平的方式解决问题。如果双方都能以开放的心态去沟通，或许能找到一个既能满足学生参赛愿望，又能保障他们学业发展的双赢方案。

人际冲突是难以避免的，常常伴随着负面情绪和负面行为，给孩子们的学业和生活增添了不少压力。冲突并非全然是坏事，它有时也是推动关系发展的契机，关键在于我们如何面对和处理它，需要我们保持冷静、理智和开放的心态，通过有效沟通并寻求帮助来解决问题。

青春期孩子正处于人生的一个重要转折点，他们面临身心发展的巨大变化，这些变化在人际关系的处理上尤为明显。常见的人际冲突类型主要包括友谊关系、班级合作、师生关系和亲子关系。

1. 友谊关系中的人际冲突

青春期是个体自我意识增强的时期，他们开始更加关注自我认同和归属感。在友谊关系中，如果被孤立或排挤，孩子会感到伤心失望，甚至产生自卑和焦虑等负面情绪。例如，因为性格内向在班级中常常被同学忽视和排斥的孩子，会感到孤独和无助，逐渐失去对友谊的期待和信任。这种冲突会影响心理健康，也会阻碍与同学之间的正常交往。

2. 班级合作中的人际冲突

班级合作涉及学习、活动和任务等多个方面。在合作过程中，由于每个人的性格、思维方式和兴趣爱好不同，难免会出现意见分歧和冲突。例如，在准备班级文艺汇演时，有的同学希望表演舞蹈，有的同学则更倾向于唱歌。这种分歧如果得不到妥善处理，就会影响整个班级的团结和合作。

3. 师生关系中的人际冲突

在师生关系面临的主要冲突来源于价值观、教育和沟通方式的差异。老师作为教育者，往往有着自己的教育理念和期望，而学生则有自己的个性和需求。当两者出现不一致时，就容易产生冲突。例如，我们本次课程案例中的明仔和他的伙伴们就是这种类型。如果个体差异未得到学校的关注和认同，缺乏更加平等、公正和耐心的态度，取而代之的是批评和指责，孩子们就会感到自尊心受到了伤害，对老师产生抵触情绪。

4. 亲子关系中的人际冲突

青春期是亲子关系紧张的时期，父母与孩子经常因为意见不合而发生冲突。这种冲突也是主要源于双方对事物的认知和价值观的差异。比如，高中选课，父母希望孩子选择"物化生"，可以拥有更大的高考志愿填报优势和就业优势，而孩子偏要选择学科冷门组合，并锚定了冷门组合对应的相关大学院校和专业，这样的分歧就很难快速地达成一致，容易引发激烈的争吵和冲突。

为了缓解亲子关系中的冲突，爸爸妈妈要真正地学会换位思考、尊重孩子的兴趣和选择，给予他们足够的支持和鼓励，恢复并重建亲子间的信任，寻求一种既符合孩子个性又能够满足父母期望的解决方案。同时，稳定可靠的亲子关系在孩子成长过程中起着至关重要的作用，它如同一座坚固的堡垒，为孩子在面对友谊冲突、合作冲突、师生冲突等人际挑战时提供强大的心理支撑。在这种关系中，孩子能学会信任、尊重与沟通，这些技能使他们能够更自信地处理各种人际冲突，寻求共赢的解决方案。

构建健康的人际关系，不仅关乎个人的成长与发展，更是未来步入社会所必需的基本技能。针对这个问题，我们可以从尊重差异、建立信任、保持善意以及坚持做自己这四个方面来深入理解和实践。

1. 尊重差异：接纳与欣赏

尊重差异是构建健康人际关系的基础。每个孩子都是独特的个体，他们来自不同的家庭背景，拥有不同的性格特点和兴趣爱好。在交往中，我们应该学会接受并尊重这些差异，而不是试图去改变对方。例如，在班级合作中，不同同学可能对于同一个问题有不同的看法和解决方案。如果我们能够尊重彼此的观点，积极倾听他人的想法，并尝试从中找到共同点，那么我们就能够更好地合作，共同完成任务。同时，尊重差异也有助于我们拓宽视野，增强包容心，从而更好地适应多元化的社会环境。

青春期孩子的特点是思想活跃、个性鲜明，家长应该教育孩子尊重他人的差异，学会接纳和欣赏他人的长处，从多个角度看待他人，了解不同人的成长背景和经历。当孩子遇到与自己观点不同的人时，家长可以鼓励他们主动交流、倾听对方的想法，从而增进理解和尊重，共同成长。

2. 建立信任：言行一致，尊重隐私

建立信任是构建健康人际关系的关键。同学之间的信任关系对于友谊的维护和发展至关重要。要建立信任，我们需要始终保持自己的承诺，要言行一致。例如，在朋友之间约定了共同的学习计划或者活动安排时，我们应该尽量按照计划执行，避免因为自己的原因而让对方失望。同时，我们还需要尊重他人的隐私，避免无意中泄露他人的秘密或者隐私信息。这种信任关系的建立不仅有助于我们更好地了解彼此，还能够增强对方对我们的依赖感和信任感，从而使友谊更加深厚。

信任是人际关系的基石。家长应该教育孩子保持诚信、言行一致，尊重他人的隐私，避免欺骗和背叛，同时，家长也要告诉孩子，尊重他人的隐私是建立信任的重要前提。引导孩子思考哪些话题是适合在公共场合讨论的，哪些话题是应该保密的，保护个人隐私。

3. 保持善意：尊重与关心

保持善意是构建健康人际关系的重要保障。在成长过程中，孩子难免会遇到一些挫折和困难，这时候更需要他人的关心和支持。对他人表现出尊重和关心，尝试理解他们的需求和想法，是保持善意的具体表现。例如，在同学遇到困难时，我们可以主动伸出援手，提供帮助和支持；在朋友心情低落时，我们可以耐心倾听他们的诉说，给予安慰和鼓励。这种善意的态度不仅能够让我们更好地与他人相处，还能够增强我们的同理心和共情能力，使我们更加成熟和稳重。

善意是人际交往中的润滑剂。家长应该教育孩子对他人表现出尊重和关心，尝试理解他们的需求和想法。当孩子发现他人遇到困难时，家长可以鼓励他们主动伸出援手，提供帮助和支持。同时，家长也要教育孩子尊重他人的感受和选择，避免用自己的标准去衡量他人。

4. 坚持做自己：个性鲜明，自信坚定

坚持做自己是构建健康人际关系的核心。青春期孩子面临来自家庭、学校和社会的各种期望和压力。然而，我们不应该为了迎合他人的期望而失去自我。坚持做自己意味着我们要有自己的独立思考和判断能力，不盲目跟风或者模仿他人。同时，我们还需要勇于表达自己的想法和观点，即使这些

观点与他人不同。例如，在班级讨论中，我们可以积极发表自己的观点和看法，即使这些观点与其他同学不同；在朋友交往中，我们也可以保持自己的个性和风格，不为了迎合朋友而改变自己。这种坚持做自己的态度不仅能够让我们更加自信和有魅力，还能够让我们在人际关系中保持一定的独立性和自主性。

在人际交往中，保持个性是非常重要的。家长应该教育孩子坚持做自己，保持个性鲜明和自信坚定。当孩子遇到挫折和困难时，家长要给予他们足够的支持和鼓励，让他们相信自己有能力克服困难。同时，家长也要教育孩子学会在保持个性的同时尊重他人，避免过于张扬或偏激。此外，家长还可以与孩子一起探索他们的兴趣爱好和潜力所在，帮助他们找到自己的定位和价值。

处理冲突是建立健康人际关系的重要方面。我们无法永远避免冲突，但是我们可以尝试冷静地面对冲突，并通过交流和寻求共识的方式来解决问题，促进理解和合作，并加强双方的友好关系。作为家长，我们注重从尊重差异、建立信任、保持善意和坚持做自己四个方面来指导孩子，一定能够为他们建立起良好的人际关系提供帮助，为孩子未来的成长和发展奠定坚实的基础。

帮助孩子应对同伴压力

青春期是孩子人生中的一个重要转折点，不仅是学习知识的关键期，更是心理成长和人格塑造的重要阶段。在这个阶段，孩子们不仅要面对繁重的学业压力，还要应对来自同龄人的各种压力和挑战。这些压力可能来自学业竞争、人际关系、自我期望等方面，如果处理不当，很容易对孩子的身心健康造成不良影响。今天，我们将一起探讨如何识别和理解孩子面临的同龄压力，学习一些有效的应对策略和方法，帮助孩子建立积极的心态，提高他们的心理韧性和适应能力。

案例1：对于这位16岁的孩子来说，转学至名校无疑是一个重大的生活变化。在这样一个学术氛围浓厚、竞争激烈的环境中，他原本的成绩优势可能不再明显，甚至可能处于中下游水平。这种突如其来的变化，给孩子带来了巨大的心理落差。

情绪感受上，孩子可能会感到失落、沮丧，甚至无助。他们可能会怀念过去在普通学校中成绩拔尖、备受老师同学瞩目的日子。每当看到周围同学优秀的表现，或是听到老师对优秀学生的表扬，他们内心的不安和焦虑就会加剧。

在认知想法上，孩子可能会开始质疑自己的能力，认为自己不再优秀，不再值得被肯定。他们可能会陷入自我否定的泥潭，难以自拔。同时，他们也会担心自己的未来，担心无法适应这种高强度的竞争环境，担心自己会被淘汰。

案例2：对于这位15岁的孩子来说，青春期的身体变化带来的不仅是生理上的困扰，更多的是心理上的压力和痛苦。长痘痘、体型发胖等问题让他们在外表上显得与众不同，而周围同学的嘲笑和起绰号更是让他们难以承受。

情绪感受上，孩子可能会感到愤怒、羞耻和孤独。他们可能会因为自己的外貌问题而感到自卑，不敢与同学正常交往，害怕被嘲笑。同时，他们也会感到孤独和无助，因为没有人能够真正理解他们的痛苦。

在认知想法上，孩子可能会认为自己的外貌问题是无法改变的，因此感到绝望。他们可能会开始怀疑自己的价值，认为自己在社交中没有任何优势。这种认知上的偏差会进一步加剧他们的心理困扰。

透过这两个案例我深切地感受到，孩子的个体发展存在一定的差异性，他们面临着身心发展的多重变化，更面临着自己与同龄伙伴的差别，同龄压力往往从学业压力、人际关系、自我认同以及未来规划四个方面予以体现。

第一，学业压力方面。高中阶段学习难度显著增加，知识体系的深度和广度都达到了新的高度，分数和排名的重要性也被进一步放大，成为衡量学生成功与否的重要标准。在这样的环境下，孩子之间形成了激烈的竞争关系，每个人都在努力提高自己的学习成绩，以便在同龄人中脱颖而出。然而，这种竞争也带来了沉重的压力，使一些学生感到焦虑和不安。

第二，人际关系方面。高中生与同龄人的关系逐渐变得多元化和复杂化。他们不仅要面对同学之间的竞争和合作，还需要处理师生关系、朋友关系以及家庭关系等多种关系。在这个过程中，孩子需要学会如何与他人建立和谐的关系，如何处理人际关系中的冲突和矛盾。然而，这种复杂的人际关系也给他们带来了不小的压力。他们可能会因为与某些人关系紧张而感到烦恼和焦虑，甚至影响到学习和生活。

第三，自我认同方面。高中时期是青少年自我意识发展的关键阶段，他们开始对自己的身份、价值观、兴趣爱好等方面进行深入思考和探索。在这个过程中，他们渴望得到同龄人的认同和接纳。然而，由于每个人在性格、能力、兴趣等方面的差异，他们很难在所有人面前都得到认同。这种不被认同的感觉会让他们感到沮丧和失落，甚至产生自卑心理。为了得到同龄人的认同，他们可能会不断改变自己，以适应他人的期望。然而，这种过度的自我改变也会让他们失去自我，产生迷茫和不安。

第四，未来规划方面。青少年热衷于思考未来，他们需要面对诸如选择大学专业、确定职业方向、制定人生目标等重大问题。然而，这些问题往往涉及复杂的社会、经济、文化等因素，使得他们在做出决策时感到困惑和不安。他们可能会担心自己的选择是否正确，是否能够得到家人、朋友和社会的认可和支持。这种对未来的不确定性和担忧也会给他们带来很大的压力。

孩子的成长之路充满了挑战，其中同龄压力是一个尤为显著且复杂的问题，共同构成了孩子们成长道路上的隐形枷锁。当孩子的情绪变化和心理需求得不到家长的及时察觉和反馈，缺乏必要的关心和支持时，孩子们往往会陷入自我怀疑、自我否定的漩涡中，这对他们的心理健康构成严重威胁。

根据《中国国民心理健康发展报告（2019—2020）》的数据，我国青少年抑郁检出率高达24.6%，其中重度抑郁占7.4%。这一数据足以说明我国青少年心理健康问题的严重性。而在这些抑郁症患者中，有很大一部分是在校学生，这进一步凸显了学校环境对学生心理健康的影响。

我们要清楚地意识到同龄压力在孩子之间普遍存在。每个孩子都希望被同龄人接受、认可，这种渴望往往驱使他们不自觉地与他人进行比较。无论是学习成绩、社交能力还是外表形象，孩子们都可能因为达不到自己的期望或他人的标准而感到焦虑、沮丧。这种比较心理如果得不到正确的引导，很容易让孩子们产生自我否定、自我埋怨的情绪。当孩子面临困难时，他们最需要的是来自家长和老师的关心和支持。如果这种需求得不到满足，孩子们可能会感到孤独、无助，甚至产生被遗弃的感觉。这种心理状态下，孩子们更容易陷入自我攻击的循环中，从而加剧他们的心理压力。

长期的自我埋怨和自我攻击会对孩子的心理健康产生严重影响。在这种负面情绪的驱使下，孩子们可能会逐渐失去自信，对学习和生活失去兴趣。同时，他们也可能变得孤僻、易怒，与他人的关系越来越紧张。这种心理状态如果得不到及时的干预和治疗，很容易引发抑郁症等心理疾病。

当孩子面临同龄人的压力时，作为家长，我们可以采取一系列措施来帮助他们缓解这种压力。

（1）我们要着重培养孩子的理性思维。与孩子一同探索和理解他们在青春期阶段的种种变化，包括生理、心理和社交等层面。当挑战来临时，我们应引导他们学会客观分析，将个人情感与实际情况分离，避免因情绪化而做出不恰当的判断。同时，我们要鼓励他们学会多视角看待问题，这样有助于他们更全面地理解并找到最佳的解决方案。例如，当孩子在考试中遭遇挫折时，我们不仅要给予安慰，还要帮助他们从学习方法、心态等多个角度进行分析，并分享一些成功的经验。

（2）我们要鼓励青少年积极发掘自身的优点和他人的长处。通过让孩子尝试各种活动和领域，帮助他们发现自己的天赋和潜能，并增强他们的自信心。同时，我们也要鼓励他们多参与社交活动，拓宽人脉，学习基本的社交技巧。无论是学校的文艺或体育比赛，还是家庭聚会或户外活动，都是孩子展现自己、结交新朋友的绝佳机会。

（3）我们应该让孩子在学业之余参与各类活动，丰富他们的业余生活。虽然高中阶段的时间宝贵，但孩子的成长需要艺术的熏陶、音乐的洗礼和体育的锻炼。与孩子共同讨论并制订活动计划，让他们感受到我们对他们兴趣的支持。无论是公园漫步、商场购物，还是社区志愿服务和博物馆参观，这些活动都能让孩子在放松的同时，收获知识和乐趣。

（4）我们要成为孩子坚实的情感支持。在青春期重建与孩子的信任关系、打破沟通壁垒至关重要。当孩子遇到困惑或挑战时，我们应耐心倾听，给予他们理解和支持。同时，我们要相信孩子有能力解决自己的问题，并鼓励他们勇敢面对。当孩子感到烦恼时，我们可以分享自己的经历，为他们提供建议和鼓励，让他们知道，无论遇到什么困难，我们都会陪伴在他们身边。

青春期阶段的孩子在面对同龄压力时，如果处理不当，孩子可能会感到迷茫、无助，甚至成为所谓的"空心人"。作为家长，我们有责任协助孩子将压力转化为动力，帮助他们健康成长，以下这三个方面尤为注意。

（1）丰富自我评价体系。孩子的自我认知逐渐成熟，他们渴望从多个角度获得认同。家长应引导孩子认识到，自我价值不仅体现在学业成绩上，还包括品德、才能、社交能力等多个方面。家长可以与孩子一起制定一个包含学业、兴趣、品德等多方面的评价标准，让孩子在多个领域都能找到自己的闪光点，并及时给予孩子正面的反馈和鼓励，鼓励孩子定期进行自我反思，并制订改进计划。

（2）拓展除学习外的生活社交圈。孩子需要在社交和生活中发现自己的价值和能力，家长应帮助孩子拓展除学习外的生活社交圈，让他们有更多机会展现自己的才能，鼓励孩子参加自己感兴趣的社团或兴趣小组，结交志同道合的朋友，培养团队合作精神，让孩子在帮助他人的过程中体验到成就感，培养社会责任感，在与不同人群的交流中锻炼自己的社交能力。

（3）保持自己的爱好、有能长期坚持的运动或技能。拥有自己的爱好和长期坚持的运动或技能，可以让孩子在紧张的学习之余找到放松和愉悦的方式，同时有助于培养他们的自律能力和坚持精神。家长要关注孩子的兴趣所在，鼓励他们深入发展自己的爱好，在掌握技能的过程中体验到成就感和自信，以定期运动的习惯在运动中找到释放压力的方式。

总之，孩子面临的同龄压力是一个复杂而严峻的问题。我们需要从多个方面入手，高度关注孩子的自我评价、生活社交圈以及爱好和技能培养，帮助他们建立更加积极、健康的成长心态，共同为孩子们的心理健康保驾护航。

第四辑

关注孩子的心理情绪

04

当孩子生气时，我们该怎么办

在生活中，常常会出现这样的情况：父母对于孩子力量的掌握、知识的学习一般都很有耐心，比如，孩子学走路，可以在一次次的跌倒中反复练习，父母给了他很多时间和耐心，但对于情绪的学习，父母却没有那么多耐心让孩子跌倒、受伤、感觉疼痛，然后再学习。这可能是基于我们的一个错误认识：孩子有生气等负面情绪是不好的。因此，我们认为，让孩子没有负面情绪的妈妈，才是好妈妈。如果孩子表现出胆小、生气、嫉妒，我们就会认为自己这个妈妈当得不够好，所以总是企图避免和掩盖这些情绪。事实上情绪并没有对错，我们常常把情绪划分为"正面"或者"负面"，只是代表情绪带给我们的感受，是舒服或者不舒服。不舒服的负面情绪，会提醒孩子什么事情需要改变，这样他才有机会去学习应对、处理的方式，学着改变自己的想法，改变目前的状态。父母总是期待，想要把孩子打造成一个最优秀的人。想要孩子在未来能够胜出，能够拥有一个美好的明天。那么面对孩子的情绪，孩子各种各样的状况，作为家长应该怎么应对呢？

一、什么是情绪

说到情绪，大家脑海里可能会想到很多词，开心、愤怒、惧怕、伤心、嫉妒等。

情绪是人的需要是否得到满足而产生的一种主观的体验和感受，简单来说，凡是能够符合需要的事物引起的愉快体验，凡不能够符合需要的事物引起的不愉快体验。

情绪的基本形式：喜、怒、哀、惧。喜是一种追求并达到目的时所产生的满足体验；怒是由于受到干扰而使人不能达到目标时所产生的体验；哀是愿望破灭、理想不能实现时所产生的体验；惧是企图摆脱、逃避某种危险情景时所产生的体验。

情绪的类型有正性情绪和负性情绪。快乐、放松、满意、振奋这些都属于正性情绪。正性情绪会给我们带来很多正性的感受：宁静、舒适、舒服、满足等。而痛苦、恐惧、不满、沮丧这些属于负性情绪。负面情绪会给我们带来一些负性感受：无奈、无助、寂寞、失落、伤感等。

二、不良情绪的表现

焦虑情绪应该是孩子在成长过程中常常遇到的小难题，有几个来源：学习压力大、在交朋友上遇到困难，还有家里环境不太稳定等。现今社会竞争激烈，家长们对孩子们期望更高，"不要输在起跑线上"成了压在他们身上的一座大山，这样一来，孩子们学习上感受到的压力就更大了，可能会觉得自己表现不够好，怕成绩不好，心里就容易焦虑了，有时候学习上遇到困难，找不到人帮忙，或者遇到问题，但是不知道如何正确表达出来，以上种种，也会让他们更焦虑。同学之间的相处问题，也是会产生一些焦虑情绪的，在学校里，孩子们需要和同学打交道，建立友谊，但每个孩子都不一样，有些人可能就不太容易交到朋友，担心和同学关系处不好，怕被孤立，这也会让他们感到一丝丝的焦虑。如果家里经常吵架，家庭氛围不好，或者爸爸妈妈平时对孩子关心不够，孩子也会觉得不安，缺少安全感，容易焦虑。

不要小看焦虑，这个情绪对孩子的行为是有一些影响的，有些孩子可能因此会变得胆小，不愿意参加集体活动，不愿意和同学说话，甚至在课堂上都不敢发言，这样一来，他们的社交能力和自信心就更差了。还有些孩子，可能会因为太想表现得好，让爸妈和老师满意，会表现得特别听话，希望得到大人们的赞许，但这种听话其实是因为心里害怕，并不是真心的。这样长期下来，孩子可能会变得没有自己的想法。

小孩子的情绪，和大人相比，还不稳定，经常会像过山车一样，忽高忽低的，这其实是在他们长身体、长知识的时候一个挺常见的现象，因为他们身体里的荷尔蒙之类的，正在不停地变化，影响着他们的心情。

自卑感也是一种消极的情感体验，常常源于个体的自我评价低于其期望或社会标准。在孩子们的成长过程中，这种情感尤为常见，有些孩子可能因为学习成绩不佳、外貌不出众或社交能力不强而感到自卑，他们可能对自己缺乏信心，过分在意他人的评价，甚至产生自我否定的想法，在学业竞争激烈的环境下，许多孩子面临巨大的学习压力。当他们的成绩无法达到预期或与他人相比显得逊色时，很容易产生自卑情绪。这种情绪可能使他们更加焦虑，进而影响学习动力和效果，形成恶性循环。外貌因素也在一定程度上影响着孩子们的自信心。尽管外貌并非衡量一个人价值的唯一标准，但孩子们往往因为年龄尚小、价值观尚未完全成熟，容易把外貌作为第一道评判的标准，一些孩子可能因为长相平凡或不符合主流审美标准而感到自卑，甚至因此遭受同学的嘲笑或排挤。社交能力也是影响孩子自信心的重要因素。在人际交往中，一些孩子可能因为性格内向、不擅长表达或缺乏沟通技巧而显得被动。他们可能无法很好地融入集体，与朋友相处时感到不自在，从而产生自卑情绪。这种情绪进一步削弱了他们的社交意愿和能力，导致他们在社交场合更加被动。

再看抑郁的问题。别看孩子还小，就不会有抑郁情绪，抑郁并不是大人的专利，孩子有时候也会觉得特别不开心，对什么都提不起兴趣。这种情况可能就是大家说的抑郁。所以，家长和老师需要特别重视这个问题。

三、情绪的作用

（一）正性情绪的作用

认识了这么多情绪，下面我们来谈谈情绪的作用。正性情绪的威力之大，怎么评价也不为过。这不是随便说说的，是经得起时间和科学检验的。英国著名哲学家罗素指出："正性情绪就是当事情进展顺利，你想微笑时产生的那种美好的感受。"

（1）人格更健全。积极情绪被认为与人格有密切关系。有学者研究发现，积极情绪对个人生活意义有很强的预测作用。如果个体的情绪状态长期不积极，认为生活没有意义，培养健全人格也自然阻碍重重。而积极情绪是有助于我们人格特质的培养的，它能够提高我们对生活的追求，增强我们自信、自尊，健全我们的人格。

（2）幸福感增强。对个人的生活感到满意、感到幸福和愉快的这种好的心境，多数情况下是在积极情绪的作用下产生的。积极情绪对心理健康有促进作用，反复体验积极情绪，有利于增强我们的心理弹性、提高社会关系的质量，从而获得更高的主观幸福感。

（3）更聪明。积极情绪具有拓展与构建功能，能拓展个体即时的思维——行动范畴，也能够拓宽认知范围和提高认知灵活性。拓展作用主要体现在积极情绪能拓宽注意的范围与材料的分类以及促进创造性问题解决。有学者对小学生的记忆广度进行了研究，发现在积极情绪条件下的小学生后测的记忆广度要显著高于前测的记忆广度，积极情绪条件下学生解决数学应用题的能力也优于在消极情绪条件下的能力。也就是说，积极情绪有利于我们认知的发展，帮助我们在日常生活中更好地解决问题。

（4）更强大。有研究发现，经常体验积极情绪可以增强心理韧性，即积极情绪可以帮助小学生建立面对创伤时所需要的心理资源。在孩子面对压力时，它能够帮助孩子更好地过渡，可以有效提高孩子的适应水平和孩子应对压力和逆境的能力，让孩子能够不那么轻易被困难打败。

（5）更健康。现有研究认为，积极情绪在一定程度上可以促进身体健康。积极情绪能增强孩子的抵抗力，从而使身体更健康。积极情绪可以降低孩子们心理疾病的易感性，使他们更好地应对负性或压力事件。有研究显示，积极情绪有利于缓解遗传的抑郁倾向，也可以降低个体心理疾病水平与风险。

（二）负性情绪的影响

（1）遇事退缩不敢主动解决。父母是成年人，有了情绪需要发泄，但是不要当着孩子的面。如果家长常常拿孩子作为出气筒，那么会给孩子一个很不愉快的童年，他们会认为父母的情绪不好都是因为自己，如果没有自己，那么父母就会生活得非常幸福。孩子的年纪虽小，但是需要承受的压力却很大。长期在自责中成长的孩子，只要遇到困难就开始退缩，因为他们没有信心去面对，怕责骂，害怕事情不好的结果会落在自己头上。

（2）孩子会变得敏感多疑。孩子经常生活在父母情绪暴躁的环境中，长大之后的性格基本上不健全，其中很多孩子的性格都很敏感和多疑。这类孩子会比一般家庭的孩子承受力差，内心脆弱的孩子很难与人正常相处，面对热闹的人群，他们更喜欢独处，而且朋友很少，因为害怕被伤害，宁愿一个人独处也不愿意花心思揣摩别人。

那么负性情绪是不是就只有坏处？不是的！有时候，快乐导致我们向往美好生活，更深体验痛苦；有时候，恐惧导致我们逃生，更深体验安全；有时候，痛苦导致我们逃离，更深体验快乐；有时候，悲哀导致我们宣泄，更深体验思考；有时候，麻木导致我们振奋，更深体验兴奋；有时候，愤怒导致我们公平与正义，更深体验安泰；有时候，焦虑导致我们争取放松，更深体验平静。

任何情绪无论正负，都给人们传递一种信号，只要适时适度就好。负性情绪的成功调解和体验会提高心理承受能力、抗挫折能力、适应能力和调控能力、激活动机能力、审美能力等。我们既有快乐、信任等积极情绪，也有愤怒、悲伤等消极情绪，它们都有好的一面，都很重要。正是因为有了情绪，我们的生活才变得更丰富，而恰当地识别和表达情绪，有利于人与人之间的理解和沟通。

四、引导孩子建立良好的同伴关系

良好的同伴关系对于儿童未来的发展，特别是社会适应能力，有非常重要的作用。

（一）倾听并了解孩子的需求

越来越多的教育专家强调父母要尊重并认同孩子的情绪，我也尝试着这样做。在他们伤心、生气的时候，我替他们描述不好的感觉并认可这些感受："嗯，妈妈知道你难受了。你现在一定希望……"可是，通常我越描述，孩子越委屈，有时简直委屈得不得了。对自己做错的地方，因为我的安慰反倒忘了，光顾着觉得自己受委屈了。我开始怀疑，他们真的需要那么多安慰吗？处理孩子的情绪并不等于一味地认可它，更重要的是，让孩子明白怎么应对。如果只是妈妈很擅长安慰孩子，孩子自己并没有学会如何处理负面情绪，那么最终高情商的那个人是妈妈，而不是孩子。

（二）引导孩子尊重他人，发现别人的优点并真诚赞美

相互尊重是交往的前提，尊重他人就是尊重自己，每个人都有自己的生活习惯和处事方式，引导孩子不要因为某人的某方面自己不喜欢就苛求别人，要学会谅解他人、尊重他人。要让孩子认识到，性格无好坏，要多引导孩子看到别人的优点、多去宽容和理解自己眼中所谓的缺点，并且让孩子多

去真诚地赞赏别人。

同时，家长可以和孩子一起探讨一些基本的社交技巧，例如，主动打招呼、微笑、倾听他人等。同时，家长还可以通过角色扮演的方式帮助孩子练习这些技巧，以增强他们的自信心和表达能力。

（三）引导孩子多宽容别人，遇事多换位思考

宽容是一项美德，一个宽容大度的人才会有更多的朋友，所以要教育孩子不为小事斤斤计较，宽容别人就是善待自己。当然，在孩子交往中，难免会有冲突和不如意，这时候我们首先要接纳孩子的情绪并帮助孩子疏导释放，同时要让孩子知道任何事情都是立体多面的，站在自己的角度是这样，那如果自己处于另一个位置，事情会是什么样子？换个角度，事情又是什么样子？对问题有了更全面的认知和感受后，孩子会更容易理解别人，从而宽容他人。

（四）为孩子提供接触同伴的机会

家长可以为孩子创设与其他孩子接触的情境，增加孩子与同伴交往的机会。家长可以帮助孩子选择固定的两三个好朋友，引导孩子多和这些小朋友接触。

此外，在接送孩子时，可以多和其他孩子的父母交谈，认识一些真诚、有教养的父母和同理心强、有礼貌的小朋友，创造机会增加孩子和这些小朋友的接触。邀请别的孩子和家长一起参加周末的课外活动也可以促进孩子与同伴的关系。

情绪是生来就有的一种能力，也是我们生命不可分割的一种能力。一个正常人都会有情绪，在生活中也会伴随各种情绪。面对孩子的情绪，作为家长无须过分焦虑，平和地去接受，有策略地去引导，不断地去体会与行动。同时孩子的情绪问题也会让我们觉察到自己的一些情结所在，比如，在一些不可控的事情发生后，我们是否能好好地面对自己的无力与挫败？愿我们与孩子彼此都能互相理解，同他们一起学习一起成长，收获和谐的亲子关系与更成熟的自我。

做不焦虑、不内耗的父母

作为一名德育老师，我每天都会接触许多家长，他们带着不同的问题和困惑来到我面前。尤其是近些年来，家长们的焦虑情绪越来越明显，这种焦虑不仅影响他们自身的生活和工作，更直接影响孩子的成长与发展。

我经常会收到家长们发来的语音消息，有时这些语音长达几分钟，有时只是短短的几秒，但其中无不充满了家长的焦虑与不安。每当看到这些语音消息的长度和频率，我都能深深感受到家长们内心的焦虑情绪。

首先，我想和大家分享几个典型的案例。这些案例，有的是我亲身经历的，有的是从其他心理咨询师那里了解到的，但它们都有一个共同点：家长们的焦虑情绪严重影响了他们与孩子的关系以及孩子的身心发展。

这是一个非常典型的案例。这个家长的焦虑情绪非常严重，情绪极度不稳定。她经常对孩子说"快点、快点、快点"，这种焦虑已经渗透到她生活的每一个角落。有一次，我到他们家进行家访，从小区门口到他们家只用了5分钟，但在这短短的5分钟内，她妈妈竟然说了62次"快点"。这种焦虑传递给了孩子，导致孩子的情绪也特别不稳定。

在学校里，孩子经常与同学发生冲突和摩擦，情绪波动非常大，甚至在课堂上也难以集中注意力，无法静心听讲或完成作业。老师多次反映，孩子在课堂上的行为变得越来越不可预测，有时会突然情绪失控，显得非常无助和无力。每当发生这种情况时，孩子往往表现出极度的焦虑和无助，甚至会哭泣。孩子的情绪不稳定，导致他在班级里的表现非常糟糕，学习成绩非常不好。这让原本就焦虑的母亲更加担忧，形成了一个恶性循环：母亲越是焦虑，孩子的问题就越严重，孩子的问题越严重，母亲的焦虑就越加剧。孩子的生活和学习质量受到了严重影响，而母亲也被自己的焦虑情绪折磨得疲惫不堪。

孩子在家里也表现出极度的不安和紧张。他的作息时间被母亲严格控制，甚至在玩耍的时间也被要求"快点"。这种高压环境让孩子几乎无法享受童年的快乐。他开始害怕回家，害怕面对母亲的催促和责备。孩子的睡眠质量也因此受到影响，常常因为焦虑而失眠或噩梦连连。长期的焦虑和压力让孩子的身心健康都受到了严重的损害。

母亲的焦虑情绪不仅影响了孩子，还让家庭的气氛变得紧张和压抑。孩子的父亲也感受到了巨大的压力，但他不知道该如何帮助妻子和孩子，整个家庭因此陷入了一种无助和无奈的状态。

还有一个令人印象深刻的案例。这个孩子在5岁时就能认3000多个字，表现出了极高的识字能力。孩子的父母是一对事业有成的夫妻，他们对孩子寄予厚望，从孩子很小的时候就开始精心培养。在孩子5岁时，他们就发现孩子有着惊人的识字能力，可以认读大量的汉字。于是，父母认为孩子是一个"神童"，开始为他安排了各种各样的课外课程和额外的作业，包括识字班、数学班、英语班等。孩子的时间表被安排得满满当当，几乎没有任何属于自己的自由时间。

到了三年级，孩子的学习成绩开始显著下降。虽然他在幼儿阶段识字能力很强，但这种提前教育并没有为他打下扎实的基础。反而，由于缺乏足够的游戏和休息时间，孩子的身心健康受到了极大的影响。他在课堂上的表现变得越来越差，常常因为疲倦而无法集中注意力，学习效率大打折扣。父母看到孩子成绩下降后，感到非常焦虑和不解。他们无法理解为什么曾经的"神童"如今会变得如此。

在一次家长会上，我与这对父母进行了深入的交流。他们回忆起孩子在5岁时能够认读3000多个字时的情景，感到无比自豪和欣慰。但当他们谈到孩子现在的情况时，脸上写满了无奈和焦虑。通过父母的讲述，我了解到，孩子每天的生活都被高度安排和控制，他没有时间和同龄的小朋友一起玩耍，也没有时间进行自由的活动。他的生活中缺少了应有的轻松和乐趣，整天被沉重的学习任务压得喘不过气来。孩子在学校里表现得越来越疲惫，注意力难以集中，常常因为一些小事就感到烦躁不安。

此外，父母的高期望和不断施加的压力也让孩子感到极度紧张和焦虑。

每当考试成绩不理想时，父母的责备和失望让孩子感到非常难过和无助。他开始害怕考试，害怕面对父母的失望和批评，这种心理压力进一步影响了他的学习状态。

在这些案例中，我们可以看到，如果父母非常焦虑，孩子很难跟上父母的脚步，并且会因为父母的焦虑失去学习的动力，产生厌学情绪。

这些焦虑还会影响孩子的心理健康。近年来，因为父母的焦虑而导致孩子出现心理问题的案例越来越多。在学校的德育工作中，我们发现很多孩子存在心理问题，父母自己也处于焦虑状态，甚至采取打骂孩子的方式。当我们向父母反馈时，担心他们回去会对孩子采取更加激烈的手段，老师们也面临着很大的困境。

焦虑的父母往往会传递给孩子负面的情绪，孩子容易出现烦躁、易怒、注意力不集中等问题。比如，一个三年级的孩子总是用头撞墙、撞地，后来发现他的爸爸经常酗酒，每次喝完酒就打孩子，打完之后又跟孩子道歉。这种情绪的不稳定传递给了孩子，导致孩子的情绪也极不稳定。

还有些孩子因为父母的焦虑而出现社交障碍。有一个孩子的父母特别焦虑，总是把工作压力带回家，给孩子施加无形的压力，不允许孩子与小朋友玩耍，导致孩子在小区里没有朋友。

我们再来分析家长焦虑的原因。

首先，现代社会发展迅速，竞争激烈，家长们对孩子的期望也越来越高。他们希望自己的孩子能够在学业上出类拔萃，在各种才能上有所表现，希望孩子将来能够有一个光明的前途。但是，这种高期望往往带来了巨大的压力，导致家长在教育孩子的过程中充满焦虑。

其次，社会的快速发展和信息的爆炸使得家长们面对巨大的不确定性和压力。信息时代的来临使得家长们能够更快地获取各种教育资讯，但同时也带来了信息过载的问题。家长们在众多的教育方法和理念中往往无所适从，不知道哪一种才是最适合自己孩子的，这种信息的复杂性和多样性增加了家长的焦虑感。

再次，社会对成功的定义过于单一，导致家长对孩子的期望过高。在现代社会，成功在某种程度上往往被狭义地定义为高学历、高收入和高社会地位，这种单一的成功标准让家长们对孩子的学业成绩和未来职业充满了焦虑。他们担心自己的孩子如果不能达到这些标准，就会被社会淘汰，无法拥有幸福的生活。

最后，家长自身的生活压力和心理状态也直接影响了他们对孩子的教育方式。许多家长面临着工作、经济和社会关系等方面的巨大压力，这些压力往往使得他们在教育孩子的过程中缺乏耐心和信心，容易产生焦虑情绪。同时，家长自身的成长经历和心理状态也会影响他们的教育方式。例如，一些家长在自己童年时期经历了严格的教育，他们可能会把这种教育方式复制到自己的孩子身上，从而产生焦虑情绪。

我们还需要认识到，家庭环境对孩子的成长具有深远的影响。一些家长在家庭教育中过于注重学业成绩，忽视了孩子的情感需求和心理健康。他们往往把自己的期望和梦想强加给孩子，导致孩子感到极大的压力和困惑。这种家庭环境容易让孩子产生焦虑和抑郁情绪，影响他们的身心健康和全面发展。

接下来就探讨一些具体的方法来缓解这种焦虑情绪。

首先，家长们需要明确自己要培养一个怎样的孩子。很多家长希望孩子阳光、开朗、懂得感恩、有良好的心态、能够照顾自己，这些素养并不完全与学习直接相关，而更多的与孩子的身心健康有关。如果孩子身心不健康，即使拥有高学历，生活也可能充满困惑和压力。因此，我们要稳定自己的内心，明确教育的初心。

良好的沟通是缓解焦虑的重要方法。作为父母，我们要学会倾听孩子的心声，不要急于下定义或打断孩子，耐心倾听并与孩子共情，尊重孩子的表达，然后提出建议。表达爱意和支持也是至关重要的，无条件的爱和承诺会让孩子在遇到问题时更愿意回到父母身边寻求帮助。

我们还要培养孩子的核心素养，包括人文底蕴、科学精神、责任担当、实践创新、学会学习和健康生活。培养一个全面发展的孩子，不仅仅是关注学习成绩，而是要让他们有责任心、同理心和自主发展的能力。学会学习是一个不断进步的过程，而健康的生活方式是孩子将来成功的重要保障。

其次，家长可以通过调整自己的情绪和态度来缓解焦虑。例如，家长可以尝试通过放松训练、冥想或深呼吸来减轻压力；学会正面思考，关注积极的方面，减少对负面事件的关注；培养自己的兴趣爱好，参加一些自己喜欢的活动，可以让家长从繁忙的生活中得到放松和愉悦。

我们还可以通过建立支持系统来缓解焦虑。家长可以与其他家长建立联系，分享育儿经验和情感支持。参加家长学习小组或社区活动，能够找到志同道合的朋友互相支持和帮助。同时，家长也可以寻求专业的心理咨询和辅导，来解决自己的情绪问题和育儿困惑。

最后，家长应注意保持生活和工作的平衡。不要让工作压力影响家庭生活，要合理安排时间，留出足够的时间陪伴孩子，参与他们的生活和学习活动。通过与孩子一起度过美好时光，增进亲子关系，减轻焦虑情绪。

在家庭中建立良好的沟通和互动模式，增强家庭凝聚力。父母的情绪稳定对孩子的影响巨大，建立良好的亲子关系，会让孩子更愿意与父母沟通，面对问题时也能得到更多的支持和帮助。

除了以上提到的方法，还有一些具体的策略可以帮助家长缓解焦虑情绪。例如，家长可以通过参加心理咨询或心理辅导，来了解和处理自己的情绪问题。心理咨询可以帮助家长更好地理解自己的情绪来源，并找到有效的应对策略。同时，家长还可以通过参加亲子活动或家庭教育活动，来改善与孩子之间的关系，进而增强家庭的凝聚力。

另外，家长可以通过培养自己的兴趣爱好和社交圈子来缓解生活中的压力和焦虑。例如，家长可以参加一些社团活动、体育锻炼或艺术活动，来放松身心，增加生活的乐趣和成就感。社交圈子的扩大也可以帮助家长找到更多的支持和理解，减少孤独感和无助感。

家长还可以通过学习和提升自己的教育素养来增强对孩子教育的信心。例如，家长可以参加一些教育讲座或培训班，了解最新的教育理念和方法，学习如何更有效地与孩子沟通和互动。教育素养的提升不仅可以帮助家长更好地理解和应对孩子的成长问题，也可以减少家长对孩子教育的焦虑和不安。

总之，在缓解家长焦虑的过程中，我们要学会放下过高的期望，理解和尊重孩子的成长规律，培养他们的核心素养和全面发展。同时，我们也要学会调整自己的情绪，寻求外界的支持和帮助，提高自己的教育素养和心理健康水平。只有这样，我们才能真正帮助孩子健康成长，成为他们人生道路上的坚实后盾。

破解青春期孩子的情绪管理密码

青春期是一段充满活力、热情与探索的旅程，然而在这段旅程中，孩子们常常面临种种情绪上的挑战与困扰。情绪波动大、情感复杂多变，是他们在这个阶段常见的心理特征。因此掌握情绪密码，学会管理自己的情绪，对青春期孩子的健康成长至关重要。下面来看两个青春期孩子面临的情绪波动的案例。

小王13岁，学习成绩一般，脾气暴躁，沉迷于网络游戏。父母试图通过限制他的游戏时间来解决这个问题，但小王反而变得更加叛逆，还寻找其他途径来玩游戏。这个案例小王表现出对父母的叛逆情绪，以及对网络游戏的过度依赖。

小丽14岁，是一个温顺乖巧的女孩，但进入青春期后变得对学习失去兴趣，开始过分关注吃穿打扮。她经常因为学习问题与妈妈发生冲突。这个案例小丽表现出对学习的焦虑情绪，以及对自我形象的过度关注。

对于青春期孩子可能面临的情绪波动问题，家长需要关注孩子的情绪变化，提供适当的支持和引导，帮助他们建立健康的情绪管理方式。同时也需要尊重孩子的个性和需求。

那青春期孩子的情绪特点主要有以下两点。

其一，情绪波动大、自我意识增强、叛逆。青少年的情绪表现为极不稳定和两极分化的特点。他们可能在一瞬间心花怒放、兴高采烈，但下一刻就可能因为一点小事而情绪低落、愁眉苦脸、无精打采，有时暴跳如雷。还有青春期的孩子自我认同、自我评价会不断发展并成熟，他们开始更加注重自我，关注自己的内心感受，对自己的身体、性格、外表等方面产生更多的思考和认识。青春期是第二性征快速发展的时期，这可能会引起心理及身体的不协调，导致孩子产生叛逆心理。

其二，情感丰富、敏感和自卑、焦虑和抑郁。青春期孩子的情感尤为复杂，极易受到外界影响而忽喜忽悲，常常出现焦虑、抑郁、自卑等情绪，对自己的穿着、容貌等方面非常敏感，甚至可能过分挑剔。如果觉得自己长得不帅或不漂亮，就可能会产生自卑感。比如，上面案例中的小丽就出现了过分关注吃穿打扮，还有的女孩子在周末不上学出门玩耍的时候，会像成年人一样化妆和穿超短裙等。同时她们对异性的关注增加，可能会误将某些情感视为爱情，从而给自己增添不必要的苦恼。还可能面临来自学校和家庭的压力，当受到某些事情的刺激后，很容易出现焦虑、抑郁等情绪障碍，会感到担忧、失眠、易怒或无助等。

情绪密码管理对青春期孩子的意义有以下方面。

1. 心理健康的增强、学习动力的提升

情绪密码管理能够帮助孩子更好地理解和处理自己的情绪，减少负面情绪，如焦虑、抑郁的困扰，从而有助于维护心理健康。随着年龄的增长，这种情绪管理能力将使他们更加成熟和稳定，能够应对生活中的各种挑战。积极的情绪能够点燃孩子的学习热情，激发他们的内在动力。通过情绪密码管理，学生能够在面对学习压力时保持冷静和积极，更加专注于学习任务，从而提高学习效率和学习成绩。

2. 社交能力的改善、解决问题能力的增强

情绪密码管理不仅限于个人的情绪处理，还包括理解和应对他人的情绪。通过学习情绪密码管理，能够更好地理解他人的感受和需求，提高人际交往能力，建立更加和谐的人际关系。有时候两个同学之间闹矛盾了，孩子可能只想到自己做得对的地方，这个时候可以引导孩子想想当时闹矛盾时另外的同学是怎么想的，是不是我们想的那样。这样有助于帮助孩子站在他人的角度考虑问题。在学习过程中，孩子常常需要面对各种挑战和问题。情绪密码管理有助于他们保持冷静和理性，避免情绪化地处理问题。通过积极应对和有效解决问题，他们的自信心和自尊感将得到增强，进一步促进他们的综合发展。

3. 未来职业生涯的准备

情绪密码管理是现代职场中不可或缺的一项技能。通过学习情绪密码管理，孩子能够为未来的职业生涯做好准备，更好地适应职场环境，应对工作中的挑战和压力。

作为家长需要关注孩子的情绪变化，及时给予支持和帮助。情绪密码管理具体如何实践，有以下3种实践方法。

1. 倾听与理解、情绪识别与调节技巧

当孩子表达情绪时给他们提供一个安全、无压力的环境，需要耐心和理解，让他们可以自由地表达自己的感受和情绪。倾听他们说话时不要打断，避免对孩子的情绪进行评判或指责，而是鼓励他们表达真实的感受，只是理解和接纳他们的情绪，让孩子知道他们的感受是被理解和尊重的。比如，他很难过、伤心、愤怒、悲伤、沮丧、焦虑等，帮助孩子识别和理解他们正在经历的情绪等。教他们用语言来描述自己的情绪，比如，"你现在是不是非常生气？你觉得有什么方法可以让你感觉好一些吗？"孩子可以学习深呼吸、冥想、分散注意力，可以想象这些情绪是一个可以挤压的圆球，把这个圆球放在手里，用力挤压去释放这些情绪，鼓励孩子从事激烈运动，借助跑步、快走、跳跃、舞蹈、打篮球等消耗身体存储的能量，平复被情绪刺激的身体，以及寻求家人、朋友或老师的帮助和支持等，帮助他们在情绪激动时冷静下来以释放紧张和焦虑等。

有个男孩子和妈妈吵架后，非常生气就去打了两小时的篮球，释放了愤怒的情绪感到非常快乐。回家后和妈妈非常平静地讨论和处理好之前发生的事情。有时候我们认为愤怒、悲伤、恐惧这些情绪是坏情绪，其实情绪没有好坏之分，特别是这些情绪出现在我们自己和家人身上的时候，我们本能地想排斥和压制，尤其是孩子愤怒的时候，我们就想压制孩子的愤怒。可是愤怒会给人反抗的勇气，比如，孩子在遭受校园欺凌的时候，孩子的愤怒是对自己的保护，不被他人侵犯，也能威慑想继续欺负他的人。

人类的情绪有好多种，每一种都有它的意义，没有人会长期处于一种情绪状态中，无论是愤怒、快乐和悲伤都将会过去。如果我们不让情绪释放，不允许悲伤、愤怒等，会造成对身体的伤害。只有看到情绪、接纳情绪以及看到情绪背后的需求，才能更好地管理和调节自己的情绪。有的孩子遇到考试失败了特别难过会哭，有的家长可能会劝孩子不要哭，还会说：事情都发生了哭有什么用，哭了会伤身体，要想想怎么把成绩提高。其实不哭才会伤身体，孩子哭出来的时候，悲伤就释放出来，不会积压在心里。

当孩子有情绪的时候，可以对孩子说：我看到你非常难过，想哭就哭吧，爸爸妈妈会陪着你，等你哭完了我们一起来看看是什么原因导致这次成绩不理想，一起来想办法解决这个问题。如果这个时候孩子根本不想听父母说话，那就安安静静地陪着孩子，等她们情绪平稳下来后再说。虽然青春期的孩子情绪波动大，但是情绪也是来得快，去得也快，有时候父母和孩子吵架后，父母一时半会没有消气但孩子却早已忘记。

还可以鼓励孩子写情绪日记，记录他们的感受和情绪变化。比如，遇到这次考试不及格的事情让我很难过，我觉得是最近上课没有认真听讲，好多知识点没有学明白才引起这个结果，所以我会把这些不会的知识点学懂，我希望下次考试的时候取得好成绩。这样有助于他们更好地理解自己的情绪，面对问题时采取积极、健康的态度，而不是逃避或拖延。鼓励寻求解决问题的方法，而不是沉浸在问题中无法自拔。家长的理解、支持和陪伴让孩子知道他们并不孤单，也有助于孩子们管理和调节好自己的情绪。

2. 设定界限和期望、树立榜样、培养兴趣爱好

与孩子一起设定合理的界限和期望，让他们知道哪些行为是可以接受的，哪些行为是不可以接受的，鼓励孩子遵守规则。现在的电子产品是这个时代的一个必需品，孩子因为使用手机的问题常常和家长发生冲突情绪激动，家长要找到原因，针对性地帮助孩子合理使用电子产品。帮助孩子利用好电子产品积极的一面，在上面获取更多学习资源，补充一些书本以外的知识，看一些历史纪录片，听一些好书，还有一些优秀老师普及的一些学科知识等，也要给予他们一定的自由度和选择权，记得约定好使用规则就好。

作为家长要以身作则，管理好自己使用手机和示范如何管理自己的情绪和压力，尤其是当孩子成绩考差了，家长会很生气时要冷静地处理好自己的情绪，让孩子看到家长在面对困难和挑战时如何保持冷静和乐观。还可以模拟一个孩子在学校被欺负的情境，然后问他们："如果你在学校被欺负了，你会怎么跟爸爸妈妈说？"鼓励孩子尽可能详细地描述自己的情绪和感受，包括身体反应、想法和需要。家长可以讲一些自己处理类似事情的经验，和孩子共同探讨处理问题的方法，让孩子知道面对问题我们可以冷静地处理。

还可以培养孩子一些兴趣爱好，如绘画、音乐、阅读等，可以帮助他们放松身心，缓解压力，同时有助于他们发展自己的特长和才能。

3. 构建积极的新信念、实践新信念、寻求支持

当孩子情绪爆发时，可以用积极暂停法按下"暂停键"，不要立即做出反应。询问自己四个问题：我是谁？我想要什么？我在做什么？我做的和我想要的一样吗？通过这些问题，将注意力从情绪转移到目的上，有助于冷静下来。

首先，孩子需要识别那些可能导致负面情绪的不合理信念。比如，孩子可能会认为"我必须在每个方面都做得出色，否则我就是一个失败者"，这种信念可能导致他在面对挑战时感到压力和焦虑。对自己的不合理信念提出质疑，并尝试从不同的角度审视它们。考虑这些信念是否真实、合理，以及是否有助于自己的情绪健康和成长。孩子可以问自己："我真的需要在每个方面都做得出色吗？我是否可以接受自己在某些方面的不足，并专注于自己的长处？"一旦孩子识别并质疑了不合理信念，就可以开始构建积极的新信念。这些新信念应该更加符合现实、更加合理，并有助于他的情绪健康和成长。比如，孩子可以将上述不合理信念替换为："我是一个有能力和价值的人，我可以接受自己的不足，并专注于自己的成长和进步。"将新信念融入他的日常生活中，并在实际情境中实践它们，这有助于巩固新信念，并使它们成为你思维方式的一部分。

其次，当孩子面对挑战时，尝试让他运用他的新信念来激励自己，而不是陷入不合理的担忧和焦虑中。家长还可以与孩子讨论信念改变的意义和成长，信念是可以改变和进化的。保持开放和灵活的心态，愿意在面对新信息或经验时调整方向。如果孩子发现他的新信念在某些情况下并不适用，不要固执地坚持它，而是尝试重新审视和调整它。总之通过改变信念来减少负面情绪需要一定的时间和努力。但是通过审视和识别不合理信念、挑战和质疑它们、构建积极的新信念、实践新信念、寻求支持以及保持开放和灵活的心态，可以逐渐减少对负面情绪的依赖，并更加积极地面对生活中的挑战和困难。在实践新信念的同时始终对新的想法、观念和信息保持好奇心，不要急于判断或拒绝，而是尝试理解它们背后的逻辑和价值。好奇心会促使孩子主动探索和学习，从而更容易接受和适应新的信念。

有个孩子对观察小区里面蚂蚁的生活产生了好奇心，家长也尊重孩子的好奇心，渐渐地孩子对越来越多的昆虫感兴趣，自发地去学习许多昆虫知识，成了同学圈里的昆虫小专家，这个兴趣也变成了他的理想和个人的优势。有时候要认识到生活中存在许多不确定性和未知因素。有的孩子一直努力但是一直达不到他理想的状态而产生消极情绪，孩子因为害怕不确定性因素而拒绝尝试新的信念。要学会在不确定性中寻求机会和可能性，这将使孩子更加开放和灵活。要适应变化，认识到生活就是一个不断变化的过程，新的情况和挑战机遇会不断出现。

并且，在实践新信念的过程中，倾听他人的观点，积极寻求他人的反馈和建议，即使大家的信念不同，也能帮助他更全面地了解问题，了解自己的不足和需要改进的地方，并做出更明智的决定。当面临变化时，不要固执地坚持原有的信念，灵活应对变化将使孩子更加适应环境，并更好地实现自己的目标。让孩子认识到学习是一个终身的过程，保持持续不断地学习新知识和技能，不要满足于现有的知识和信念，了解最新的观点，这将有助于不断更新和完善自己的信念体系。在行为上保持对自己的宽容，在实践新信念的过程中，可能会遇到挫折和失败。不要过于自责或沮丧，而是从中吸取教训并继续前进，同时要对他人宽容，每个人都有自己的信念和价值观，尊重他人的差异并寻求共同点将有助于建立更加和谐的人际关系。

最后，定期反思自己的信念和实践经验，思考哪些信念是有效的，哪些需要改进或放弃。根据实际情况和自己的需求调整信念体系，使其更加符合自己的价值观和人生目标，并实现个人成长和发展。

有这样一个案例，小红在进入初中后，随着学业变难和中考的压力，她感到前所未有的压力。一方面，她对自己的学业成绩有着极高的要求，另一方面，她又不善于处理与同学之间的关系，导致情绪时常处于低落状态。为了改变这种状况，小红决定学习并应用情绪密码管理的方法。先构建积极的新信念：小红意识到自己的情绪状态对学习效率有着直接的影响。当情绪低落时，她很难集中精力去学习。因此，她开始尝试调整方法，在情绪高涨时进行学习，如早上起床后的一小时，还有下午课程结束后的自习时间。她还学会了利用情绪来激发自己的学习动力。每当遇到难题或考试前，她会告诉自己："这是一个挑战，我要用积极的心态去面对它。"这种情绪激励让她更加自信，学习效率也得到了提升。

小红用情绪激励法后发现，在情绪高涨时她的思维更加活跃，创造力也得到了增强。因此，她决定在创作艺术作品或参加课外活动时，尽量让自己处于情绪高涨的状态。在一次学校举办的艺术节创新比赛中，小丽利用自己的情绪激励法，成功地设计了一个具有实用价值的创新产品，并获得了比赛的一等奖。这次经历让她更加坚信，情绪可以激发人的创造力和想象力。

在人际交往方面小丽意识到，情绪可以提升社交能力，自己的情绪表达方式有时会让同学感到不舒服或误解，因此她开始尝试学习更加积极的情绪表达方式，如微笑、赞美等。在与同学的交往中，小红学会了用积极的心态去理解和接纳他人的情绪。当同学遇到困难或情绪低落时，她会主动伸出援手给予关心和支持。这种积极的情绪表达让她与同学之间的关系更加融洽，社交能力也得到了提升。

经过一段时间的实践，小红的情绪管理能力得到了明显的提升，她的学习成绩也有了显著的提高，与同学之间的关系也更加融洽。在情绪高涨时，她能够保持冷静和理智，更加高效地学习和生活；在情绪低落时，她也能够积极调节自己的情绪，避免负面情绪对自己的影响。小红的这些变化让她更加自信、开朗和积极向上。家长还定期与小红一起回顾她每个阶段的进步和成长，肯定她的努力和成就，并鼓励她继续努力。这种定期回顾的方式可以让小红管理好自己的情绪，更加清晰地看到自己的成长和未来的方向。

如何培养孩子的积极情感

大家对于情感习惯这个词，可能会有点陌生吧？我们绝大多数的父母都不太会跟孩子表达"我爱你"，在日常生活中也不太把情感放在言语之中，尤其是在亲密关系或亲子关系中，我们更多的是习惯于用行动来进行表达。而情感，其实更应该以我们的语言为载体进行表达，让接收到的人和发出去的人都能够产生链接，让美好的积极的情感产生流动，这也许会带来比行动表达更强烈的反馈效果。所以养成积极的情感习惯，就如同养成良好的卫生习惯、学习习惯、饮食习惯一样，变得日常且重要了。

在网上看到浏览量很大的两张帖子：一个是随意的一句"16岁不想上学了能干啥"；还有一篇是倾吐自己的无奈"本人今年15岁，初一，学习不好，非常不爱卫生，曾多次想让自己努力，可都因为懒惰而失败，有没有人告诉我该怎么改变，我真的感觉自己很没用，做任何事情坚持1~2天，我多么希望有人能唤醒我的意志"。

初一阶段的孩子刚刚跨入少年期，身体发育、知识经验、心理品质方面依然保留着小学生的特点。顺利时盲目自满，遇挫折时盲目自卑，有从众心理，不愿让大人管教，但在学习和生活中遇到具体困难时，还希望得到老师和家长的帮助。

初二阶段的孩子已经进入青春期，身体上发生了许多的变化。由于心理发展与生理发展出现严重的不平衡，导致了不同程度对抗情绪的出现。另外一个心理特点是表面什么都不在乎，实际上从众心理很重，既想标新立异又担心脱离集体。

初三阶段的孩子独立性获得较大发展，喜欢和成年人平等地讨论问题，能独立地组织开展一些活动，"成人感"更加明显，自尊心大大增强，更渴望得到老师和家长的尊重与理解。

我为什么一上来就跟大家分享初中一、二、三年级孩子的状态呢？那是因为我们要解决孩子遇到的困扰、我们与孩子之间存在的问题等，就必须"质疑TA、理解TA、成为TA"。

首先，我们要知道，对孩子而言，什么是情感习惯？什么是积极情感习惯？亲子关系中应该建立什么样的积极情感习惯？

对孩子而言，积极情感习惯是指一系列有助于他们建立积极、健康情感状态的日常行为和态度。这些习惯可以帮助孩子更好地管理情绪、增强自信心、建立良好的人际关系，并在面对挑战时保持乐观和韧性。

以下是一些常见的积极情感习惯。

（1）积极面对情绪。孩子能够识别并接纳自己的情绪，包括喜、怒、哀、乐等。他们理解有情绪是正常的，并且愿意积极面对和表达情绪。孩子有情绪后，通常有两种表现：随意发泄出来，伤害别人，最后导致别人排斥他，人际关系出现问题；压抑情绪，导致孩子的成长和学习受到干扰。就像其他任何生物一样，人是跟着自己的生命本质去发展的，而原本所具备的生命力一定会提供足够的能量，供他展现自己生命的本质。但如果情绪太多、内在干扰太多，生命力的消耗就会太多，这就意味着，孩子不能用他所有的生命力来学习、行动、跟人交往、调整自己、得到自己想要的东西……

（2）自我激励。给自己设定一些目标和奖励机制，每达到一个小目标就给自己一些正面的反馈和奖励。这样可以激励我们更加努力地追求自己的目标，同时能够增强我们的自信心和成就感。孩子能够为自己设定目标，并通过积极的自我激励来实现这些目标。他们对自己的成就感到骄傲，并愿意继续努力。

（3）社交技能。积极与他人交流和互动，建立良好的人际关系。良好的社交关系能够给孩子们带来归属感和幸福感，让他们感到更加快乐和满足。孩子能够与他人建立良好的关系，包括主动交流、分享、倾听和尊重他人等。

（4）感恩心态。经常表达感激之情，不仅是对他人的认可，也是对自己生活的肯定。感恩的心态能够让我们更加珍惜现在所拥有的一切，减少抱怨和不满。孩子能够感激他人对自己的帮助和关爱，并表达感激之情，他们懂得珍惜自己所拥有的，并愿意与他人分享。

（5）乐观思考。面对困难和挑战时，保持乐观的态度，相信问题总有解决的办法，相信自己有能力克服困难。乐观的心态能够激发我们的潜能，帮助我们找到解决问题的新方法。孩子能够从积极的角度看待问题，相信自己能够克服困难，并保持对未来的乐观态度。

接下来，我们一起来看几个案例。

案例1：小明通过积极的肢体语言和真诚的语气表达了自己的关心和支持。他避免指责或贬低小强，而是以一种理解和接纳的态度来倾听。小强感受到了小明的关心和支持，开始逐渐打开心扉，分享自己的情感。两人之间的友谊因此更加深厚，小强也学会了如何正面表达自己的情感。所以，有情绪是极为正常的，即使是负面的、消极的情绪，也是有其存在的必要性，我们需要做的就是积极面对情绪。

案例2：小红首先表示理解大家的焦虑和压力，之后她鼓励大家要团结一致、互相支持。她分享了自己以前遇到类似情况时的经验，并提出了一些解决方案。在小红的带动下，团队成员们开始冷静下来，重新审视问题并寻找解决方案。通过小红的积极调解和团队成员的共同努力，他们最终成功完成了任务。这次经历让团队成员们更加珍惜彼此之间的友谊和信任，也让他们学会了如何在困难面前保持冷静和团结。所以，即使是面对困难，我们只要乐观思考、积极面对、自我激励，总能找到战胜和克服的办法。

案例3：小华在平台上发布了一篇帖子，详细描述了自己在竞赛中的心路历程和感受。他用积极的语言表达了自己的喜悦和成就感，并鼓励其他同学也要勇敢追求自己的梦想。小华的帖子得到了很多同学的点赞和回复，大家都为他感到高兴和骄傲。有些同学还分享了自己类似的经历或感受，形成了一个积极的情感交流氛围。通过这次经历，小华不仅收获了同学们的祝福和鼓励，还进一步加深了与同学之间的情感联系。

我们对积极情感习惯建立了一个基本的认知后，接下来要探讨的就是，建立积极情感习惯的重要性和必要性。从积极情感习惯的含义中，我们也大概能够感受到，这些习惯对于孩子的成长，乃至于我们成人的生活工作或人生经历都是非常重要的，我们很有必要建立积极的情感习惯。

那么，对孩子而言，建立积极情感习惯的重要性和必要性不言而喻。这些习惯不仅关乎孩子的情绪健康，还深刻影响他们的社会交往、学业成就以及整体幸福感。那么，建立积极情感习惯的重要性和必要性都有哪些呢？

首先，积极情感习惯有助于孩子的情绪健康。当孩子学会积极面对和处理自己的情绪时，他们能够更好地适应生活的起伏和变化，减少焦虑和抑郁等负面情绪的发生。这种情绪稳定性对于孩子的心理健康至关重要。

其次，积极情感习惯对孩子的社会交往能力有着重要影响。一个拥有积极情感习惯的孩子更可能表现出友好、合作和富有同情心的行为，这些特质使他们在与人交往中更受欢迎，也更容易建立深厚的友谊。良好的社交关系对孩子的自信心和自尊心发展至关重要，有助于他们形成健全的人格。

再次，积极情感习惯对孩子的学业成就也有积极影响。当孩子具备乐观、自信等积极情感时，他们更可能对学习保持热情，更愿意接受挑战并努力克服困难。这种积极的学习态度有助于提高孩子的学习效率和学业成就，为他们未来的职业发展奠定坚实基础。

最后，积极情感习惯有助于孩子形成整体幸福感。一个拥有积极情感习惯的孩子更可能体验到生活中的美好和乐趣，更懂得珍惜和感恩。这种幸福感使孩子更加热爱生活，也更有动力去追求自己的梦想和目标。

因此，建立积极情感习惯对于孩子的成长和发展至关重要。家长和教育者应该重视并积极引导孩子建立这些习惯，为他们的未来奠定坚实基础。通过关注孩子的情感需求、提供情感支持和引导，以及以身作则树立榜样等方式，我们可以帮助孩子建立积极情感习惯，让他们成为更快乐、更健康、更有成就感的个体。

积极情感习惯对孩子有以上诸多方面的影响，这里我还想重点探讨一下其对于孩子学习方面所产生的一些具体影响。毕竟，对现阶段的孩子而言，学习是比较重要的任务。

首先，积极情感能够激发孩子的学习兴趣。当孩子对学习持有积极的态度和情感时，他们更可能主动地去探索和学习新知识，对学习内容产生浓厚的兴趣。这种兴趣可以促使孩子更加投入学习，提高学习效果。

其次，积极情感有助于提高孩子的学习动力和自信心。当孩子在学习上取得进步或得到他人的认可时，他们会感到满足和快乐，这种积极情感可以进一步激发他们的学习动力。同时，积极情感还可以增强孩子的自信心，使他们更加相信自己能够克服学习中的困难，取得更好的成绩。

再次，积极情感还有助于提高孩子的记忆力和注意力。当孩子处于积极的情感状态时，他们的记忆力和注意力会更加集中，更容易记住和理解学习内容。这种良好的学习状态可以提高孩子的学习效率，帮助他们更好地掌握知识和技能。

最后，积极情感习惯还可以促进孩子学习的持久性和韧性。当孩子面临学习挑战或困难时，积极的情感可以帮助他们保持冷静和乐观的态度，更好地应对挑战。这种持久性和韧性可以帮助孩子在长期的学习过程中不断克服困难，取得更好的成绩。

因此，家长和教育者应该注重培养孩子的积极情感习惯，让孩子在学习过程中保持愉快、自信、专注和持久的学习状态。通过鼓励、支持和引导，帮助孩子建立积极的学习情感，为他们的学习之路打下坚实的基础。

了解了积极情感习惯的概念和重要性，接下来我们要探讨的就是，如何建立积极的情感习惯？

在家庭中培养孩子的积极情感习惯是一个长期且重要的过程，那么家长如何塑造孩子的积极情感呢？

（1）保持家庭氛围的积极和谐。家庭成员之间应相互尊重、理解和支持，避免在孩子面前发生争执或冲突。创造一个轻松、愉快的家庭环境，让孩子感受到安全和舒适。为孩子提供一个安静、整洁的学习环境，让他们能够专心学习。同时，保持家庭氛围的和谐，避免在学习时给孩子施加过大的压力。定期与孩子进行深入的沟通，了解他们的想法、感受和需求。倾听孩子的声音，对他们的想法和感受给予积极的反馈和回应。鼓励孩子表达自己的想法和感受，不要压制或忽视他们的情感。与孩子分享自己的情感体验和感受，让他们感受到被接纳和理解。同时，鼓励孩子在适当的时候与他人分享自己的情感体验，以建立更亲密的关系。当孩子表达情感或做出积极行为时，给予他们积极的反馈和激励。

（2）树立榜样。作为父母，要展示积极、乐观、友爱的态度和行为，为孩子树立榜样。在日常生活中，家长要通过具体行动向孩子展示如何管理情绪、解决问题和关爱他人。作为家长和教育者，要树立积极的榜样，通过自己的行为和态度来影响孩子，让他们学会建立积极情感习惯。家长和教育者要以身作则，展示积极的学习态度和情感，通过分享自己的学习经历、兴趣以及成就，激发孩子对学习的热情。

（3）培养兴趣爱好。了解孩子的兴趣和爱好，将学习内容与他们的兴趣相结合，例如，通过游戏、实验或实践活动等方式，让孩子在轻松愉快的氛围中学习。鼓励孩子参与各种兴趣活动，如音乐、绘画、运动等，培养他们的兴趣和爱好。陪伴孩子一起参与活动，增进亲子关系，同时让孩子在活动中体验快乐和成就感。

（4）设定合理的期望与目标，关注过程而非结果。根据孩子的实际情况和能力，与孩子一起设定明确、具体的学习目标，让他们知道学习是为了什么。同时，将长期目标分解为短期目标，让孩子在实现目标的过程中体验到成就感。鼓励孩子为实现目标付出努力，并在他们取得进步时给予及时的肯定和奖励。家长应该关注孩子的学习过程，而不是过分强调结果。当孩子在学习上取得好成绩时，引导他们将成功归因于自己的努力和付出；当成绩不佳时，帮助他们找出问题所在，并鼓励他们继续努力。这种正确的归因方式可以让孩子更加自信地面对学习和挑战。

（5）培养自主学习能力和合作精神。鼓励孩子自主学习，让他们学会制订学习计划、管理时间和安排学习内容。这种自主感可以让孩子对自己的学习更有信心，从而激发积极的学习情感。鼓励孩子与同学、老师或家人合作学习，培养他们的合作精神和团队意识。通过合作，孩子可以学会倾听他人的意见、分享自己的想法和成果，从而增强学习动力和自信心。

（6）教育孩子感恩与关爱。引导孩子关注身边的人和事，学会感恩和关爱他人。通过参与志愿服务等活动，让孩子体验帮助他人的快乐和成就感。

（7）鼓励孩子自我肯定与欣赏。鼓励孩子关注自己的优点和成就，培养他们的自尊心和自信心。教会孩子欣赏自己的独特之处，不要过分追求完美或与他人比较。当孩子在学习上取得进步或有所成就时，及时给予鼓励和认可，这种正面的反馈可以让孩子感受到自己的努力得到了肯定，从而增强学习动力。

通过以上方法，您可以在家庭中逐步培养孩子的积极情感习惯，让他们成为更加自信、乐观、有爱心的人。

总之，积极情感习惯对孩子的成长和发展至关重要。通过家长和教育者的共同努力和引导，可以帮助孩子建立这些习惯，并为他们的未来奠定坚实的基础。

以下还有一些实用的建议。

（1）写日记或情感日志。通过写作来表达自己的情感和想法。我们上学那会儿流行写日记，买一个好看的本子，最好是能够带锁的，写完情感日记或者自己的小秘密后，上锁再收好钥匙，自己亲自守护着自己这一份心境。现在的孩子，写日记的方式更多元化了，微博、脸书、微信朋友圈、备忘录等，鼓励孩子找到自己喜欢的方式记录下自己的心情，这有助于孩子更好地了解自己的内心世界，并找到解决问题的方法。还可以在写作中反思自己的情绪和行为，以及它们如何影响自己的生活和人际关系。

（2）冥想或运动。现在互联网上公开的免费课程非常丰富，瑜伽、打坐、深呼吸等，都可以适时地帮助孩子放松肌肉、保持情绪上的冷静，如果担心孩子上网的时间过多，也可以选择线下的健身馆、运动场馆等，让专业的人带着孩子进行专业的运动，帮助孩子更好地发泄和放松，缓解学习、生活或人际交往中带来的压力和焦虑。当然，如果父母能够抽出时间来陪伴孩子一起运动的话，也会更加有利于亲子亲密关系的培养。

（3）丰富的社交活动。孩子生活在集体中，会有自己的朋友，也会逐渐形成自己的社交圈子，有那么几个能够聊聊天，一起出去运动、学习、玩耍的朋友真的是再好不过的事了。有些话或许不好和父母或者老师沟通，但是和自己的朋友却可以畅所欲言，这也是很好的情绪出口。作为父母，可以适时地提供一些金钱、时间、场地的支持和帮助，让孩子们更有黏性，把自己的社交活动更加丰富起来。

（4）自我激励。让孩子设定小目标，并为实现这些目标制订好计划。可以是一次考试成绩的提高，可以是一项运动的完成，可以是一件小事、一个小突破，每当孩子完成一个小目标时，给他一些奖励并记录下来这次的成绩，时常回顾以增强自信。

（5）寻求专业支持。如果发现孩子很难和自己对话沟通、很难和同龄人沟通、很难和家长或老师沟通，也很难建立积极情感习惯，或者TA的情绪问题严重影响了日常学习和生活，不要犹豫，寻求专业心理咨询师或心理医生的帮助。

  请记住，建立积极情感习惯需要时间和耐心，重要的是保持持续的努力和坚持，相信和孩子一样，我们都能够逐渐改变并提升自己的情感状态。

孩子抑郁了，父母怎么办

我先与大家分享一个真实案例。

正在念高中的琳娜在班级里担任着班长的职位，是老师和家长心中的好学生。初中时，她的成绩一直排名年级前三。她还曾经在她们学校举行的"小讲师"比赛中获得了"金牌小讲师"的称号。"我暂时不想去上学了……"不久前，琳娜竟然说出这句话。为什么琳娜作出了这样的决定？

从初中到高中的过渡，青少年的心理也经历了巨大的变化。念初中时，琳娜能够保持优异的成绩并且稳居年级前三。但当她在新环境里遇到比她更优秀的同学，她再也无法保持年级前三的成绩了。同学之间激烈的竞争、老师的高期望和来自父母的压力，让琳娜不知如何处理。她被抑郁、烦躁和焦虑的心情笼罩着，学习态度也慢慢变得消极。

然而琳娜不是特例，心理健康问题早已成为困扰孩子学习和成长的主要原因。中国青少年研究中心四国高中生比较研究课题组2018年发布了《中美日韩四国高中生心理健康状况比较研究报告》，报告显示中国高中生抑郁情绪多发，且成绩等学习问题是孩子精神压力的首要来源。

关于心理健康——抑郁的问题影响到了很多孩子，下面从几个方面展开介绍：抑郁对孩子的影响；如何识别孩子的抑郁；如何应对孩子的抑郁。

1. 抑郁对孩子的影响

抑郁对孩子的生理影响：首先，患有抑郁症的孩子可能会感到孤独和绝望。他们可能会觉得自己与周围的人格格不入，好像没有人能真正懂他们。这让他们在情感上非常孤立，感觉自己像是被困在一个黑暗的角落里。

其次，抑郁症还会让孩子对未来感到绝望。他们可能会觉得，无论自己怎么努力，都注定会过着孤独、无助的生活，看不到任何希望和出路。这种绝望感会让他们对人生失去信心，对未来感到迷茫。

最后，抑郁症还会抑制孩子的兴趣爱好。他们可能会发现自己对以前喜欢的事情失去了兴趣，觉得一切都变得无聊和乏味。这种空虚感会让他们不知道该如何度过每一天，甚至可能让他们对生活失去热情。因此，我们作为父母，一定要时刻关注孩子们的心理变化，一旦发现他们有抑郁的苗头，要及时采取措施，帮助孩子们走出心理困境。

当他们陷入抑郁的困境时，可能会产生自我否定的情绪。比如，他们会认为自己没有价值，不值得得到他人的关注和帮助。同时，他们也可能会怀疑自己的能力和成就，对自己过去的成就感到否定，觉得自己并不应该得到这样的成就。这种自我怀疑不仅仅局限于过去，更会影响他们对未来的期待。他们可能会对自己的未来发展产生怀疑，对自己的职业发展、社会地位等产生消极的想法。这些负面影响不仅会加重他们的心理负担，还可能影响他们的学习和生活，甚至导致更严重的后果。

抑郁对孩子的生理影响：首先，抑郁会影响他们的睡眠质量。许多抑郁症患者都面临入睡困难、易惊醒、醒来后再难入睡等问题，这往往是由于情绪波动、紧张和焦虑所致。他们可能会因为担心或烦恼而无法入眠，从而影响日常的学习和生活。 其次，会影响食欲。很多孩子抑郁症患者会出现食欲下降、对食物失去兴趣，甚至体重减轻的情况。这与他们的情绪状态和代谢功能都有关。他们可能因为情绪低落，失去了享受食物带来的乐趣，甚至因为压力过大，导致身体出现代谢异常。 最后，我们来看看身体疲劳的问题。抑郁症患者常常会感到身体无力、虚弱和头晕等，这也是他们情绪状态和身体状况的一个体现。长时间的精神压力加上睡眠不足和食欲下降，使得他们的身体逐渐疲惫不堪。

抑郁对孩子学业的影响：首先，抑郁症患者很难集中精力去学习，导致注意力下降。这样一来，他们在学习过程中就容易分心，学习效率也大打折扣。其次，抑郁症还会导致记忆力减退，让患者无法快速、准确地获取所需信息，同样也会影响学习效率。更重要的是，抑郁症还会让学生的思维变得迟缓，反应速度变慢，这样在解决问题时就会遇到更多困难，进而影响学习成绩。抑郁对学业的影响还体现在学习热情的丧失。这些孩子们可能对学习产生厌倦和排斥感，感觉每天都像是在进行一场无尽的马拉松，于是渐渐失去了学习的热情，甚至对学习任务产生逃避心理。最后，他们还可能因此产生逃学、休学等问题。毕竟，如果连学习都变得无趣和困难，又怎么能让他们安心坐在教室里呢？

2.如何识别孩子的抑郁

我们来看看抑郁的表现形式：首先，情绪低落。如果孩子持续感到沮丧、无助或绝望，对原本喜欢的事物失去兴趣，那么这可能是抑郁的一个信号。其次，睡眠障碍。如果出现难以入睡、早醒或嗜睡，睡眠质量下降，这些都是抑郁可能带来的症状。再次，食欲和能量的变化。孩子可能会食欲减退或暴饮暴食，导致体重明显波动；或者经常感到疲劳，缺乏精力。最后，我们还要注意孩子的自我评价。如果孩子对自己持消极态度，认为自己无价值或有负罪感，那么这也是一个需要引起我们重视的信号。

谈到抑郁情绪的表现我们要明确一个点，那就是抑郁情绪和抑郁症是不一样的。抑郁情绪是短暂的、由具体事件触发的情绪反应，就像我们有时候会因为考试成绩不好或者和朋友吵架而感到不开心。而抑郁症则是持续的、无明显原因的心境障碍，它可能让一个人长时间感到沮丧、无助，甚至失去对生活的兴趣。所以，作为父母，我们需要时刻关注孩子的情绪变化。如果发现孩子有持续的、无明显原因的抑郁情绪，或者这种情绪已经影响他们的学习和生活，那么我们就应该及时寻求专业的帮助，确保孩子能得到及时有效的治疗。

3.如何应对孩子的抑郁

各位家长可以试想一下，如果有一天你的孩子告诉你他的内心生病了，你可能会出现什么样的反应？以下几种是我们接触的家长主要的反应：质疑——怎么可能？还抑郁，小题大做的，就是不想写作业；挖苦——这点挫折你就抑郁？早干嘛去了；轻视——认为问题不大，过段时间就好了；恐惧——完了完了！我的孩子抑郁了！

在此我们想要强调，当孩子出现心理困扰和危机时，父母应该采取以下积极的应对方式：看见：看见孩子的情绪并且接纳它；陪伴：花时间和心思陪伴孩子度过危机；自省：与孩子一起成长，不断进步和提升自我；支持：引导孩子找回对生活和学习的掌控感。

第一种策略：提升孩子的情绪调节能力。

它不仅关系到孩子的心理健康和社会适应能力，更直接影响到他们的学业成就。一个孩子如果具备良好的情绪调节能力，他就能更好地面对挫折和困难，也能更加清晰地认识自己。家长要鼓励孩子表达情绪，我们得让孩子知道，无论是喜悦还是忧伤，都可以坦诚地与我们分享。特别是当他们感到焦虑和抑郁时，我们不能让他们把这些负面情绪压抑在心里，积累起来。接着，我们得引导孩子找到适合他们的情绪宣泄方式，比如，写日记、绘画、运动等都是很好的选择。这些活动不仅能帮助孩子释放压力，还能让他们从中找到乐趣，慢慢培养起积极的心态。作为家长，我们要以身作则，传递出积极乐观的生活态度。当我们面对问题时，尽量看到它的积极面，这样孩子就会受到我们的影响，学会用乐观的眼光去看待生活中的挑战。

第二种策略：构建支持性家庭氛围。

高中生正处于人生的关键时期，他们面临着学业压力、人际关系等多重挑战，很容易产生焦虑和抑郁的情绪。作为父母，我们需要理解和接纳孩子的情绪状态，给予他们情感上的支持。我们要避免过度强调成绩和期望，而是更多地关注孩子的兴趣、特长和综合素质的培养。我们要用更全面的视角来看待孩子的成长，鼓励他们追求自己的梦想和兴趣。当然，我们还要学会倾听孩子的心声，了解他们的需求和困惑，通过积极沟通建立情感共鸣。通过这种方式，让孩子感受到我们的关心和理解，让他们知道我们一直在他们身边支持他们。

除了以上策略，我想特别强调一点，必要时寻求专业心理咨询师的帮助。当孩子出现持续的情绪低落或高涨，这种情绪已经明显影响他们的日常生活和学习时，我们就需要关注并考虑寻求专业心理咨询师的帮助了。如果孩子在社交和人际关系方面遇到了严重问题，比如，与家人、朋友或同学关系紧张，难以融入集体，这也可能是一个寻求专业支持的信号。当孩子的学习成绩出现无明显原因的明显下滑，且伴随焦虑、抑郁等情绪问题时，我们也应该考虑寻求专业心理人士的介入。一旦孩子出现自伤或伤人的言行，这是非常紧急和严重的情况，家长和老师应立即寻求专业心理咨询师的援助，确保孩子的人身安全。

第五辑

做好孩子的生涯规划

05

与孩子一起制定学习规划

孩子的学习规划直接影响着他们的学习效果。一个有着良好学习规划的孩子通常能够按时完成任务，且保证任务质量。相反，缺乏学习规划的孩子可能会表现出拖延、磨蹭的倾向，导致作业完成困难。这种情况下，他们可能需要父母的督促才能完成任务，缺乏内在动力。因此，本文将从三个方面探讨这一问题：分析孩子缺乏学习规划的表现和实例；探讨造成这种情况的原因；探讨父母如何引导孩子制定学习规划。

我遇到过这样一个孩子，他完全没有学习计划。有时他参加考试能取得八九十分以上的好成绩，但有时却只能得到四五十分，这种成绩的大起大落让他的父母备受折磨。他们常常感叹："孩子怎么总是这样？"后来，我有幸深入了解了这个孩子的情况。

当我进入他的学习世界时，我发现了一些惊人的事情。他的笔记一团糟，毫无章法可言；他的学习时间凌乱无序，每天放学回来，他总是先去玩，等玩够了才开始做作业，这导致他的作业时间毫无规划可言；更糟糕的是，他对一些难以理解的知识没有投入足够的时间，结果，他对后续课程的理解也大打折扣。于是，他陷入了一个恶性循环。

接下来分享另一个孩子的故事。这位小朋友的时间管理能力简直糟糕透顶还经常拖延作业。我还记得他的妈妈时常向我发消息，附上一段小视频。画面上，她刚刚离开一会儿，只是稍微开了门缝，偷偷窥探一下孩子在做什么。结果，我看到了这位小朋友，要么手里拿着玩具玩个不停，要么就一动不动地盯着一处地方，要么在纸上画画。早上上学更是一场挑战。他妈妈不得不反复叫他起床，可他总是懒洋洋的。有时候像个"游神"，一会儿在这间屋子游荡，一会儿又转移到另一间屋子，然后再游荡到厕所。问他洗脸了吗？刷牙了吗？答案总是"还没呢"。他对时间的管理简直就是一塌糊涂！

后来，我进一步了解他的学习情况，发现他在学习上更是一塌糊涂，连时间管理都算不上。他根本无法合理安排自己的时间，导致学习效率低下。他妈妈为此头疼不已。这种焦虑情绪也影响了整个家庭氛围。要知道，一旦孩子缺乏学习计划，他就无法按时完成作业，保持学习进度，或者保证学习质量。每当孩子表现出这样的状态，父母通常都受不了，于是开始不断唠叨。然而，这样的反复唠叨只会让孩子更加没有计划。其实，父母更应该帮助孩子制订学习计划，而不是不停唠叨，否则孩子会越来越迷茫。

没有学习计划的原因有以下方面。

第一，孩子的状态不稳定，父母的唠叨和指责却很多。当孩子的成绩波动非常大的时候，这种起伏也会在家长心理上带来很大的冲击，就像是一次又一次地乘坐过山车，家长们会感叹："天呐，我仿佛每天都在坐过山车，成绩这一天好，下一天就不行了。"当孩子的成绩下降时，老师也会与家长进行沟通，了解孩子最近的状态。但是，频繁的沟通可能会使家长更加焦虑，导致与孩子的交流变得越来越无边界。孩子可能会误解父母，觉得他们只关心学习成绩，而不关心他们的真正感受。这可能会导致孩子对学习产生抵抗情绪，进而与父母产生矛盾。

因此，在成绩波动大的情况下，孩子的学习进度也会变得不稳定。这种情况会给父母和孩子双方带来负面影响，影响他们的心态和亲子关系。父母可能会感到焦虑不安，而孩子可能会感到沮丧和压力。这种不稳定的学习态度会使孩子的学习动力受到影响，从而影响到他们的学习效果和成绩。

第二，孩子没有学习兴趣，也就没有学习计划。孩子如果没有一个明确的学习计划，他就很可能失去持续的学习动力。当一个孩子变得懒散的时候，最终可能就无法获得他所期望的结果，也就无法得到积极的反馈。这种失去动力的情况可能会使孩子感到学习无趣，于是形成一个恶性循环。缺乏学习计划会使孩子难以有效地进行时间管理，从而导致学习效率低下。因此，我们需要协助孩子制定合理的学习规划，明确学习目标和步骤。这样做可以帮助孩子逐步取得成就感，从而改善学习状态。当然，在制订学习计划时，我们不仅应该考虑学习，还应该包括休息、运动、玩耍和家务劳动等内容，这些都应该合理地安排在孩子的学习计划中。

曾老师在刚才的讲述中提到了一个重要观点，那就是孩子们可能只是计划了学习内容，而忽略了其他方面的规划，这让孩子感到困惑和无助。他们可能缺乏足够的认知，不了解学习规划的重要性。父母每天与孩子的交流也可能只是关于学习的状态，而不是学习规划。孩子们可能会误解父母的意图，认为他们只是在要求完成任务，而不是在制定一个全面的学习规划。实际上，学习规划是一个完整的、长期的计划，包括学习内容、课外阅读、运动、娱乐活动以及与亲子互动等方面。

第三，孩子缺乏时间管理的能力。他们对时间的概念缺乏了解，因此无法有效地安排学习和休息时间。在这里，我想提到的是，很多父母在孩子幼年时期就没有帮助他们建立良好的时间管理习惯。

举个例子，当你带孩子去游乐园玩耍时，孩子可能请求再玩一会儿，而你会说"再玩5分钟"。然而，有些父母可能会感到焦虑，过早地把孩子拉走，即使只过了1~2分钟，就告诉孩子时间到了。另一些父母可能会自顾自地玩手机，或者看着孩子开心玩耍，不愿意带他离开，结果原本说的5分钟可能变成了10分钟、20分钟，或者更长。这样一来，孩子根本无法真正理解时间的概念，无论时间过得快还是慢，都会让孩子产生拖延或焦虑的情绪，缺乏时间管理的结果就是孩子整个生活状态变得混乱。孩子的混乱状态会影响他的情绪和学习效果，因此，缺乏时间管理能力也会直接影响到家庭生活。

要解决孩子缺乏时间管理的问题，父母需要教育孩子如何正确地理解和利用时间。大家可以通过日常生活中的小事来教育孩子时间的概念，比如，告诉孩子某个活动需要多长时间，然后在规定的时间内完成。

此外，父母还可以利用一些工具，比如，番茄钟、定时器或日历，帮助孩子更好地把握时间。通过这样的方式，孩子可以逐渐学会如何合理安排时间，提高自己的时间管理能力。

家长们也需要在日常生活中给孩子树立一个良好的榜样。大家可以通过自己的行动来示范如何有效地利用时间，比如，在制订家庭活动计划时，可以让孩子参与其中，让他们了解每个活动所需的时间以及如何安排时间。

在孩子学习的过程中，父母也可以陪伴在旁，帮助他们规划学习时间和休息时间，培养孩子的学习自觉性和时间管理能力。

第四，外部干扰。现在的孩子们对电子产品已到痴迷程度，小学生使用电子产品非常熟练，我经常和他们讨论如何进行自我管理。

许多家长问我：曾老师，我该怎么管孩子使用电子产品呢？孩子拿了手机就是不还给我。我通常会反问两个问题：第一，手机是谁给的？第二，真的无法管理吗？你是不是害怕孩子生气？当孩子愤怒时，你会屈服，把手机还给他。这样一来，孩子就学会了通过愤怒来获得他们想要的东西。

在孩子们的成长过程中，电子产品会成为诱惑。当孩子在制订学习计划时，我们必须尽量减少这些干扰。电子产品的诱惑会分散孩子的注意力，使他们难以专注于学习和计划的实施。

另一个需要关注的外部干扰是社交活动。频繁的社交活动也会分散孩子的注意力。孩子可能有很多规划，但今天想去这里，明天想去那里，总是在改变自己的想法和计划。这样一来，孩子的规划就难以坚定下来。因此，频繁的社交活动在制订和执行计划的过程中也会带来一些负面影响。

外部干扰，包括电子产品和社交活动，都会对孩子的学习计划和时间管理产生影响。家长需要认识到这些干扰的存在，并采取有效措施帮助孩子减少这些干扰，从而提高他们的学习规划安排的能力。

第五，家庭教育的影响。当我们讨论家庭心理时，大家会发现，孩子的一些心理问题或行为实际上与父母有直接关系。比如，父母忽视规划，他们自己不重视也不在乎规划，更不会协助孩子制定规划、监督执行或进行复盘。孩子在这样的环境中感受到的是，只需每天按部就班地学习就行了。

实际上，很多父母自己也不擅长规划。我们以前带团队时，经常要在年底的最后一天对一整年进行总结，并为新的一年做规划。这些规划包括工作、学习、健康、生活和旅行等各个方面。但许多父母即便自己不太会规划，却要求孩子必须有规划，这种要求是很艰难的。因此，在要求孩子规划之前，父母至少应该以身作则！

家庭教育影响的另一个方面是缺乏有效的沟通。父母往往不了解孩子，也不理解孩子的学习需求，制定的规划不太适合孩子的实际情况。

记得有一次，我在给孩子们讲规划课时，有一个孩子制定了这样一个规划：周六和周末每天花2～3个小时做作业，然后安排运动、玩耍、去图书馆和看电影等活动。

当他的父母看到这个规划时，皱起了眉头，显得很不满意。他们后来对我说："曾老师，他为什么要这样规划呢？他一点都不知道该把所有时间用来学习。"我解释说："你们不明白，这是小学生的基本心理状态。他们渴望有玩耍的时间，渴望合理分配玩耍和学习的时间关系。如果你们不支持他，他做出来的规划只是你们想要的，而他自己却坚持不了。"

通过这些例子，我们可以看到，孩子缺乏规划能力的原因与家庭教育有很大关系。如果父母忽视规划、不进行有效的沟通，并且不理解孩子的需求，孩子自然难以养成良好的规划习惯。

总之，家庭教育的影响深远，父母需要在日常生活中重视规划，给予孩子正确的指导和支持，以帮助他们逐渐养成良好的规划能力。

那么，制定规划的方法有哪些呢？

那父母到底应该怎么来引导孩子制定规划呢？曾老师从以下这几个方面给大家一些建议。

首先，激发孩子的兴趣。父母需要了解孩子的兴趣点在哪里，然后鼓励孩子不断探索，并拓宽他们的规划内容。拓宽规划可以包括孩子想要进行的徒步旅行、爬山、户外活动等。这些活动都是可行的，不要认为只有学习才是规划的一部分。通过融入多样化的活动，孩子会对规划产生更多的兴趣和热情。这不仅可以提高他们的积极性，还能让他们在完成任务时获得更多的成就感和满足感。

其次，为孩子创造适合的学习环境。一个有趣且适合的学习环境能极大地激发孩子的学习热情。很多父母在孩子做规划时，往往会忽视这一点。比如，孩子在做作业或看书，而家长在旁边看电视。要知道，孩子的耳朵是"耳听八方"的，他们会被电视机的声音吸引，无法专心学习。因此，创造一个安静、无干扰的学习环境非常重要。

父母在孩子学习时要避免过度监督。有些父母在孩子制定并执行规划时，喜欢频繁进出房间检查，这种过度监督会让孩子感到不信任和压力，甚至产生反感。

孩子可能会觉得自己是在为父母而学，而不是为了自己，从而失去学习的主动性和积极性。创造一个信任、安全的学习环境，让孩子有足够的空间和时间独立完成任务，是非常关键的。

父母可以与孩子一起制定一个明确的学习计划，并包含孩子的兴趣活动。比如，每周安排一次户外活动或家庭游戏时间，这不仅能丰富孩子的生活，还能让他们在学习之余得到放松。同时，父母也要注意在孩子学习时保持环境安静，避免使用电视机、手机等电子设备，减少对孩子的干扰。

举个例子，我们有一个孩子，他的父母为他制订了详细的学习和休息计划，但总是频繁检查他的进展。每隔一段时间就进房间看一眼，导致孩子觉得自己总是在被监视，产生了逆反心理。后来，父母改变了方法，给予孩子更多的信任和自由，让他自己安排学习时间，只在需要时提供帮助和指导。结果，孩子的学习效率大大提高，他也变得更有主动性。

再次，尝试鼓励孩子尝试新鲜事物。俗话说，读万卷书不如行万里路。在行万里路的过程中，孩子自然会有许多收获。因此，爸爸妈妈可以在寒暑假期间安排带孩子外出，去体验不同的风景，接触不一样的人和事物，了解各种风土人情。这些经历都能激发孩子对规划的兴趣。参观一些知名学府也是一个很好的激励方式。例如，有些孩子在参观清华大学和北京大学后，立志将来要考上这些顶尖学府，这也属于他们规划的一部分。

通过这种方式，孩子的视野得到了拓展，他们开始思考未来想要过怎样的生活。这种内驱力对于孩子制定规划非常重要。孩子在明确自己的目标后，就会清晰地知道规划的方向，明白未来的路径和出发点。

鼓励孩子尝试新鲜事物不仅能增加他们的见识，还能激发他们对未来的憧憬和规划。例如，通过旅行，孩子可以看到不同地区的文化和生活方式，从而对自己的未来有更多的想象和期待。他们可能会因为一次旅行而立志成为一名科学家、艺术家或是探险家，这些都可以成为他们规划的一部分。

除了旅行，父母还可以带孩子参加各种拓展活动，如夏令营、科学实验班、艺术工作坊等。这些活动不仅能增加孩子的知识和技能，还能让他们在实际操作中体会到计划和执行的重要性。通过亲身体验，孩子能更好地理解为什么需要制定规划，以及如何根据规划一步步实现目标。

例如，有一位孩子在参加科学实验班时，被激发了对科学的浓厚兴趣。他回家后，主动制订了每天学习科学知识的计划，并且坚持执行。这个孩子不仅学到了更多的知识，还在规划和执行中培养了自律和毅力。

在带孩子外出或参加活动时，父母还应注意引导孩子总结和反思。每次活动结束后，可以和孩子一起讨论这次活动的收获和感受，鼓励他们思考如何将这些收获应用到日常学习和生活中。这种引导不仅能帮助孩子加深对活动的理解，还能让他们在总结反思中不断改进自己的规划和执行能力。

最后，设定明确的目标。以前，经常有爸爸妈妈在给孩子做规划时，给孩子定一个非常高的目标。比如，这次孩子只能考78分，他们就要求下次考95分以上。我说，天呐，你希望孩子一步到位吗？你觉得他要怎么一步到位呢？我说他只有两种可能性：一种是他通过作弊达到目标，另一种就是彻底放弃，反正他认为自己够不着这个目标，那就干脆不学了。

因此，目标需要具体、可衡量，并且是孩子可以完成的，这样才是属于孩子的规划和目标。比如，每周背诵10个单词，这样的目标对孩子来说可能会觉得很轻松，他是不是很快就能完成？所以，在制订目标时，一定要确保目标具体、可衡量，而且是孩子能够完成的。

这就引出了明确目标的第二个关键点，即目标要合理。

很多爸爸妈妈在协助孩子设定合理目标时，常常忽略了孩子实际能做到的程度，而是过高或过低地设定目标。这会导致孩子对自己的目标不清晰，或者觉得达不到，就像我刚才提到的那个例子一样，最终可能选择放弃。

例如，一个孩子这次考试考了78分，如果父母要求他下次考95分，这不仅是不切实际的目标，还可能让孩子感到压力过大，甚至失去学习的动力。相反，如果父母设定一个稍微高一点但合理的目标，比如，下次争取考80分，孩子就会觉得这个目标是可以通过努力达到的，从而更有动力去学习。所以说，设定合理的目标，既要符合孩子当前的能力，又要具有一定的挑战性。

这样孩子在努力实现目标的过程中，既能体会到成就感，又不会因为目标过高而感到挫败。同时，父母在设定目标时，应该多与孩子沟通，了解他们的实际情况和需求，这样才能制订出真正适合孩子的目标，帮助他们一步步取得进步。

还有一个重要建议是分解任务并制定时间表。

在过去，我经常与家长和孩子一起分解目标，将任务分为紧急和重要的、紧急但不重要的、重要但不紧急的，以及不重要且不紧急的四个类别。

这样的分类有助于孩子通过思维导图的方式清晰地制定每天的规划。每天的规划背后，孩子会形成长期的周计划或月计划，从而知道自己的目标方向，更容易实现目标，避免出现迷茫和不知所措的情况。

在任务分解中，将大任务分解为小目标是至关重要的。举例来说，如果孩子今天有很多科目的作业，我们可以将每个科目的作业视为一个小目标，并确定完成每个小目标的时间。

在小学阶段，孩子更倾向于用任务完成来换取自己想要的东西。因此，我们可以给予适当的奖励来帮助孩子分解大任务为小目标。并且，我们在制订时间表时，要根据任务量制订合理的时间表。过去，我经常遇到一些家长要求孩子在短时间内完成大量作业，导致孩子感到压力巨大，甚至影响了作业质量。因此，在规划过程中，要注意灵活性和适应性，根据孩子的学习进度和兴趣灵活调整学习规划，确保规划的有效性。

关于奖励与激励，我们可以将协助孩子完成的规划列为一项项加分目标，达到一定的分数后，孩子就可以兑换相应的礼品。

此外，激励措施应该多样化，不应仅限于金钱奖励，还包括玩具、礼品等，甚至陪孩子外出游玩或满足他们的一些愿望。通过这样的方式，孩子会觉得所有的奖励都是他想要的，从而增强内驱力。我们还需要定期回顾孩子的学习进度，了解他的学习成效并及时调整计划。

父母可以在一段时间内进行监督和检验，而不是每天都盯着孩子。此外，父母应该了解孩子的学习需求，提供必要的支持和指导，而不是仅仅为了监督而监督。

如果孩子觉得规划只是为了让自己找事做，他们就会逐渐失去规划和执行的能力。因此，父母的监督应该是为了帮助孩子建立规划习惯，而不是惩罚他们。

最后一个重要的方法是鼓励与支持。家长应该鼓励孩子不断尝试并接受失败，因为失败是最好的学习机会。家长可以与孩子一起讨论，从错误中学到了什么，并探讨如何避免这些错误。有一种说法是，在孩子早期通过错误学到的经验，所付出的成本和代价会越小。另外，家长应该给予孩子积极的反馈，肯定他们的努力和进步，只有这样，孩子才能够保持持续的进步。

培养孩子的好奇心有多重要

小学阶段的孩子其实往往都是喜欢问"十万个为什么",如果我们的孩子已经开始缺乏"十万个为什么"的心态,我们大概就知道可能是他的好奇心已经慢慢地被隐藏起来了,或者说随着大家只论学习的状态,孩子把对其他部分的探索愿望给埋葬了。

所以我们更期待小学阶段的孩子有好奇心的状态,因为孩子有好奇心,他就会不断地去探索,在探索的过程当中他会收获很多,他也会在探索的过程当中让自己保持一个比较良好的状态。

1. 缺乏好奇心的案例

我曾经辅导过一个孩子,他对任何事情都提不起兴趣,缺乏探索的欲望。他的爸妈经常提议出去玩儿,但孩子总是拒绝,说:"我不去,我不舒服,我要在家里,我要看电视,我要玩手机,我就是不出门。"在这种好奇心缺乏的状态下,孩子把所有的兴趣爱好都转向家庭内部。他宁愿待在家里,哪怕一整天无所事事,也不愿意出去走一走。

父母尝试与他谈论一些外面的景点和动物,但他都提不起太多兴趣。从另外一个角度来看,很多父母会担心这样的孩子会出现心理问题。当孩子出门变得越来越少,对什么都不感兴趣,缺乏探索欲望时,确实容易发生一些心理问题。这种状态表明孩子整个人提不起精神,对很多事物没有兴趣,内心觉得什么事情都无所谓。

这样的状态显然不是父母所期待的,他们希望看到孩子充满活力、充满好奇心和探索的欲望。

我曾经辅导过另一个孩子,他的学习非常被动。只要父母在旁边盯着,他就会认真做作业,但一旦父母离开,他就开始自己玩,上个厕所,喝点水,拿个水果,一会儿工夫就能磨掉一两个小时。在这种被动学习的状态下，他几乎没有好奇心。他曾对我说，他觉得学习非常累，为什么人一定要学习呢？他说每天都有好多作业，要学好多东西，而且自己常常做不完、学不完。他看到班上很多同学都能完成作业，却不明白他们是怎么做到的。每当他坐到书桌前，他就会各种磨蹭拖拉，不停地玩手上的东西，根本停不下来。这个孩子的情况正是缺乏好奇心的一个典型例子。他对学习没有兴趣，没有内在的驱动力，只是在父母的督促下被动地完成任务。他对学习的过程充满了抵触情绪，总是觉得时间难熬，任务繁重。

他的父母对此也感到非常困惑和无奈。虽然他们知道孩子有潜力，但始终看不到他主动学习的热情和兴趣。这种情况下，孩子不仅缺乏好奇心，还容易产生厌学情绪。我们可以看到，在没有好奇心的驱动下，孩子很难主动探索新知识，也无法体会到学习的乐趣。

这种被动的学习状态让他与学习之间形成了一道无形的墙，每次尝试学习都像是一场硬仗。他的注意力很容易被分散，总是在寻找各种借口来逃避学习。他的父母对此感到非常焦虑，但却不知道如何帮助他找到学习的动力。孩子自己也感到无助和迷茫，不知道如何提升自己的学习效率和兴趣。

我还辅导过另一个孩子，他缺乏学习兴趣和好奇心，成绩因此直线下滑。这个孩子在小学四年级的时候，每次语文考试都很差。父母非常着急，于是请了一位名师专门指导他，但孩子的成绩不仅没有提高，反而变得更糟糕，状态也越来越不好。后来，父母觉得需要带孩子来找我聊聊，于是他们带着孩子来到了我的办公室。

我见到孩子的第一句话是："乖乖，你最近开心吗？"孩子听到这句话后，眼泪一下子就涌了出来，然后一直哭，足足哭了一个多小时。孩子告诉我，他非常不开心。他每天不是在上课就是在补习班，要么就是在家里接受父母请来的老师的指导，没有一点自己的时间，也没有时间出去玩耍。

在这种情况下，孩子的好奇心自然就被磨灭了。他对学习失去了兴趣，对其他事情也提不起劲。每天重复着上课、补习、再上课的单调生活，让他感到无比疲惫和压抑。这种状态不仅影响了他的学习成绩，也让他整个人变得没有活力和动力。

孩子的父母对此非常困惑和担忧，他们以为请名师指导就能提高孩子的成绩，但忽略了孩子的内心感受和需求。孩子每天被各种学习任务压得喘不过气来，自然没有心思去探索新知识，也没有兴趣去发现学习的乐趣，在这种高压环境下，孩子的好奇心被彻底埋没了。

我曾辅导过一个孩子，大约在小学五年级时就表现出一种无欲无求的状态。无论父母对他说什么，他总是答应得很随意，但当真的要他做些什么时，他总是说："不要，我不行，我不想做。"每天他都显得没有精神，无精打采的样子。

随着时间的推移，这种无欲无求的状态对孩子的生活产生了深远的影响。到了初中阶段，他开始表现出明显的厌学情绪，不想去学校，每天都在"摆烂"。他甚至开始写很多日记，把内心的困惑和无助记录下来。有一次，他悄悄把日记拿给我看，里面写着："生活在这个世界上，空气不香甜，父母不理解，没有意义的样子真难受。"这些话语令人心痛，显示出他对生活失去了兴趣和动力。

在这些日记中，我们可以看到他内心深处的迷茫和无奈。他每天都在重复单调的生活，没有目标，没有动力，也没有好奇心。他不明白为什么要学习，不明白为什么要努力，总是觉得一切都没有意义。

这种缺乏好奇心的状态，让孩子变得对周围的世界毫无兴趣。他不想探索新事物，不想接触新知识，整天都在自己的小世界里徘徊，显得非常消极。他的父母也因此非常困惑和担忧，但他们不知道如何帮助孩子重新燃起对生活和学习的兴趣。

在辅导过程中，我们尝试与他沟通，了解他的内心世界，希望能够找到让他重新对生活和学习产生兴趣的办法。但他的内心似乎已经封闭，对任何外界的刺激都没有反应，他对一切都感到麻木，没有任何追求和梦想。

这些孩子的故事，真实地反映了好奇心缺乏对一个人的巨大影响。在他们身上，我们看到了一个个失去好奇心的孩子是如何变得无精打采，对生活和学习失去了兴趣和动力。他们的经历让人深思，也提醒我们在教育孩子的过程中，如何帮助他们保持对世界的好奇心和探索欲望。

2. 缺乏好奇心的原因

当我们意识到缺乏好奇心会对孩子的未来产生负面影响时，许多父母都会想了解究竟是什么原因导致了孩子的好奇心缺失。找到问题的原因往往是解决问题的关键，明确了原因之后，再结合实际情况来帮助孩子，效果会更好。

首先，从教育环境来看。孩子所处的学习环境相对单一，孩子们每天学习的课程大多按部就班，缺乏多样性。小学阶段的孩子们需要大量的探索，但学校提供的探索空间不足，这导致孩子的好奇心难以培养。

学校的学习氛围往往较为严肃，这种严肃的环境不利于好奇心的培养。举个例子，孩子在课堂上问"为什么"，老师可能会说："下课再问，现在是上课时间。"即使老师耐心回答了一个问题，但如果孩子想进一步探究，老师可能会认为与当前课程无关，从而抑制了孩子继续提问的欲望。等到课后，孩子可能已经忘记了当时的问题，学习氛围的严肃性让孩子不敢随意提问，这也限制了他们的好奇心。

其次，从家庭的角度来看。父母忽视孩子的好奇心也是重要原因。许多儿童在成长过程中喜欢不断提问。例如，4岁左右的孩子处于好奇心爆棚的阶段，常常会问"为什么天会黑？""为什么人要吃饭？""为什么树会长大？"等问题。然而，许多父母在面对这些问题时表现出不耐烦，这种态度实际上忽略了孩子的好奇心。

当孩子到了二、三年级时，他们进入了"十万个为什么"的阶段，问题变得更加深入，比如，"太阳为什么从东边升起？""为什么晚上会有星星和月亮？"等。这时许多父母会发现自己难以回答这些问题，便开始忽略或敷衍地回应孩子，甚至会说："我已经很忙了，你自己去查。"这种回应方式让孩子觉得自己的好奇心得不到满足，到了四、五年级时，他们的好奇心逐渐减弱，甚至不再提出问题。

加之，一些家长过度保护孩子，限制了他们的探索和好奇心的发展。比如，孩子在幼儿时期想爬高，父母会说："小心，那里很危险。"或者孩子想跳高时，父母会说："小心摔倒。"当孩子想探索小动物时，父母又会说："别碰那个昆虫，小心被咬。"这种过度保护实际上剥夺了孩子的探索机会。事实上，从幼儿时期到小学阶段，孩子们都有一定的自我保护能力，但父母往往不相信孩子能够很好地保护自己，因而限制了他们的探索行为，阻碍了好奇心的发展。

此外，孩子的性格因素也会影响好奇心。有些孩子天生害怕尝试新事物，这背后往往有家庭的原因。例如，孩子在探索过程中经常被责骂，因为他们做了一些与学习无关的事情。我经常强调，特别是一、二、三年级的孩子，应该保持一颗好奇心，去探索学习以外的所有事物，包括搭积木、玩乐高、研究飞机模型等。这些活动通过动手操作，在孩子脑海中转化为能力。因此，父母应该允许孩子进行这些探索。

最后，缺乏自信也是影响孩子好奇心的重要因素。许多小学阶段的孩子因为不懂某个问题而不敢提问，害怕得不到回应或被嘲笑。这种内在的顾虑让他们不敢探索和提问，从而影响了好奇心的培养。因此，家庭环境需要给予孩子更多的鼓励和支持，帮助他们建立自信，勇于提出问题和进行探索。

3. 激发孩子好奇心的方法

第一，鼓励孩子提问。我经常使用的提问方式叫作启发式提问。这种提问方式的特点是每个问题都没有固定的答案，而是通过互动让孩子感知到我喜欢他们提问。因此，在鼓励提问的过程中，我们一定要耐心地解答孩子的问题，并认真帮他们找到答案。例如，有个孩子问我："曾老师，你们要去哪里？"我回答："我们要去一座山上爬山。"孩子继续问："那座山在哪里？"我说："那座山在广汉。"他又问："广汉是什么？"我解释道："广汉是一个地名。"然后他问："那你们去广汉爬的那座山叫什么？"通过逐一回答他的提问，我不仅是在科普知识，也是满足孩子的好奇心。

第二，引导孩子自主思考。孩子在提问时，经常会提出很多有趣的问题，比如："为什么太阳从东边升起西边落下？"许多父母会简单回答："这是大自然的规律。"但孩子会追问："为什么大自然有规律？"这个时候，我们可以反问孩子："根据你的观察，你觉得为什么呢？"你会发现孩子会给出很多有趣的答案，这些答案反映了他们的思考和探索。当你认可他们的答案，无论对错，都可以说："我都没有想到这一点呢，你真聪明！"或者："让我好好想一想，你说得似乎有道理。"这种认可会提升孩子的自主思考能力，并帮助他们保持好奇心，使他们乐于提问和探索。

在日常生活中，父母可以通过具体行动来支持这些方法。比如，当孩子提出问题时，不要急于给出标准答案，而是通过提问引导他们自己思考。例如，当孩子问："为什么下雨？"你可以反问："你觉得为什么会下雨呢？"让孩子提出自己的见解，然后再一起查找资料，验证他们的想法。这种互动不仅能满足孩子的好奇心，还能培养他们的自主学习能力。

父母在陪伴孩子时，应表现出对他们问题的兴趣和重视，即使问题看似简单或重复，也要耐心解答。比如，当孩子连续几次问："为什么花会开？"即使已经解释过多次，也要再次耐心回答，并引导他们观察花的生长过程，了解更多细节。这样，孩子会感受到他们的问题是重要的，从而更加积极地提问和探索。

为了更好地激发孩子的好奇心，父母还可以创建一个鼓励提问的家庭环境。例如，可以设置一个"好奇心角落"，放置一些有趣的书籍、科学玩具和探索工具。每周可以有固定时间进行"好奇心讨论"，让孩子自由提问，父母和孩子一起寻找答案。这不仅能激发孩子的好奇心，还能增进亲子关系。

第三，要陪伴孩子探索。在这个过程中，我们不仅要耐心解答孩子的问题，鼓励他们提问，更重要的是在他们提出问题后，陪伴他们一起学习、探讨，并找到答案。许多父母可能会觉得这样做很麻烦，但其实现在的电子设备非常方便，还有许多数据资源可供利用。在小学阶段，我建议父母首先带孩子查阅相关书籍，因为看书不仅能增强孩子的阅读能力和表达能力，还能通过书中的知识引导他们思考和探索。

共同学习的过程可以是这样：父母和孩子一起坐下来翻书，查找答案。如果书中找不到答案，我们可以借助网络资源。这样做可以让孩子认识到，手机和电脑是工具，可以帮助我们找到许多答案，而不是仅仅用来娱乐的设备。这种方式不仅能避免孩子沉迷于电子产品，还能培养他们使用科技工具进行学习和探索的习惯。

引导实践也是非常重要的一部分。当孩子提出问题时，我们可以通过实验和实际操作来帮助他们理解。例如，孩子问"为什么水总是往低处流"，我们可以先做一个简单的实验，拿一个水瓶装满水，然后倒置，观察水流的方向。通过实际操作，孩子可以更直观地理解现象。接着，我们可以一起查找关于地心引力的信息，了解是哪位科学家发现了这个原理。这不仅是一次很好的科普机会，还能让孩子体会到知识的魅力，从而激发他们持续探索的兴趣。

第四，鼓励孩子勇于尝试。我们要鼓励孩子不断地尝试，我常告诉父母一句话："错误是最好的老师。"我发现许多缺乏好奇心的孩子在面对问题时，常被批评指责。这使得他们不断重复犯错，却不被接纳，导致他们害怕犯错。这种害怕使得他们越来越小心谨慎，就像我们长大后对错误的恐惧一样。但是，我们常常无意识地引导孩子不要犯错。实际上，错误是孩子最佳的学习方式。我们应该在确保孩子安全的前提下，鼓励他们多方面探索。

我们应该提供一些机会，比如，进行科学实验、手工制作等，还有，玩游戏也是激发孩子好奇心的好方法。很多父母不太陪孩子玩游戏，但我认为玩游戏也是探索的一种方式，比如，我在学校给孩子上课时，常带他们玩游戏。有时我们会一起大笑，有时分小组头脑风暴，有时我们会一起探讨问题，有时我们会阅读一小段文字，然后用"四层次提问法"让孩子们表达自己的想法。这些游戏能够增进孩子的好奇心，同时也能激发他们主动去寻找知识。

第五，拓宽孩子的视野。带孩子阅读书籍是一个很好的方式。多带孩子去图书馆，在这样的安静氛围中，孩子可以进行阅读，并与你讨论。另外，参观博物馆也是一个不错的选择，在参观过程中，你可以向孩子讲述历史，一起探索。这样的活动不仅可以增加孩子的知识，也能激发他们的好奇心。

我们还要经常带孩子出去走走，体验大自然、历史文化，认识植物、昆虫等，同时也可以分享我们小时候的经历。保持好奇心对孩子的未来发展至关重要。一个保持好奇心的孩子会更加顺利地面对未来，而丧失了好奇心的孩子则可能会感到生活乏味、无助。因此，让我们从培养好奇心的角度出发，不断地鼓励和支持孩子，让他们看到自己的潜能和可能性。

相信在不断探索的过程中，我们都能培养出一个充满好奇心的孩子。

让孩子学会时间管理

我知道，作为家长肩上的责任比超人还要重——不仅要照顾家庭，还要应对工作中的挑战，还要关注孩子的成长和学习。下面我们来探讨一个看似简单却极其深刻的话题——让孩子学会时间管理。

时间管理，听起来好像是一个老生常谈的话题，但你们有没有想过，如果我们能够更好地管理时间，也许孩子们就能在繁忙的作业外有更多的时间来发展自己的兴趣爱好，或者读读书。时间的管理实际上关乎我们每个人，因为一个有良好时间管理的人，不仅能高效完成任务，更能在繁忙和压力之中保持一份宁静和秩序。

接下来我将和大家一起探讨，如何帮助我们的孩子成为时间的魔术师，我们会聊到一些实用的策略和技巧，也会分享一些有趣的案例和故事。

但在此之前，我想先和大家分享一个小秘密——其实，我至今还在学习如何更好地管理我的时间。是的，即使是作为家庭教育专家的我，也常常面临时间不够用的挑战。所以，在这个过程中，我们都是学习者，都是探索者。

我们都知道，时间是最公平的，它给予每个人相同的24小时。但如何使用这24小时，却能造就截然不同的人生。学会时间管理，让孩子不仅能够高效学习，更能够享受生活，实现梦想。

那么，什么是时间管理呢？简单来说，时间管理就是我们如何有效地利用时间，以达成我们的目标和任务，如何优先处理重要事项，以及如何避免浪费宝贵的时间资源。

对于我们的孩子来说，时间管理尤其重要。学习生活充满了各种挑战：学业、课外活动、社交以及即将到来的大学申请。在这样的环境下，良好的时间管理能力可以帮助他们保持平衡，减少压力，并确保他们在各个领域都能取得最佳表现。

首先，做好时间管理，能够提升学习效率。当孩子们学会了如何合理分配时间，他们就能在更短的时间内完成更多的学习任务，而且质量也更高。

其次，良好的时间管理能力可以帮助孩子们减少压力。想象一下，当一个孩子面对一堆作业和即将到来的考试，如果他们能够提前规划，逐步完成，那么他们就不需要在最后一刻匆忙应付，也不会感到焦虑和压力。

最后，高效时间管理还能提高成绩。因为当孩子们有条不紊地复习和准备，他们就更有可能在考试中取得好成绩。而且，这种能力不仅在学校里有用，它还会伴随孩子们的一生，帮助他们在未来的学习和工作中取得成功。

接下来我们要聊的可能是您没有考虑过的一件事儿——时间管理失控的原因。我们总是只看到现象和结果，忽略了为什么会产生这样的现象。您是否曾经听到孩子这样抱怨："妈妈，我没有时间做作业！"或者"爸爸，时间不够用！"这背后其实有几个常见的原因。

第一个原因是缺乏计划。想象一下，如果您去超市买东西，却没有购物清单，那么您可能会在超市里漫无目的地闲逛，最后买了一堆不需要的东西，却忘记了要买的牛奶和面包。同样，如果孩子们没有明确的计划，他们的时间也会在各种琐事中悄悄溜走。

第二个原因是缺乏组织。这就好比您有一个装满各种杂物的抽屉，每次找东西都要翻个底朝天。如果孩子们的书桌、书包，甚至是他们的大脑，都像这个抽屉一样杂乱无章，那么他们找到需要的东西，或者想起要做的事情，就会变得非常困难。

第三个原因是缺乏分配。这就像是一个厨师在准备晚餐，却没有合理分配时间来烹饪不同的菜肴，结果可能是所有的菜都糊了。孩子们如果没有学会如何合理分配时间，就可能在某些事情上花费太多时间，而在其他重要的事情上却捉襟见肘。

第四个原因是缺乏控制。这就好比您家里的遥控器坏了，电视机音量忽大忽小，您根本无法控制。如果孩子们无法控制自己的冲动，比如，不停地刷手机，或者和朋友聊天，那么他们就无法有效地控制自己的时间。

我们找到了缺乏时间管理的原因，就可以对症解决啦！

那如何来理解时间管理最根本的智慧呢？给大家分享一个"杯子理

论"。这个理论很简单，但启发深刻。想象一下，我们有一个空杯子，首先我们往里面放大石块，这代表我们生活中的主要任务和责任。其次，我们再加入小鹅卵石，这些代表次要的任务。再次，我们倒入沙子，沙子象征着那些琐碎的小事。最后，我们倒入水，水代表了休息和娱乐时间。

这个实验告诉我们，如果我们先做最重要的事情（大石块），然后处理次要的事情（小鹅卵石和沙子），最后享受休闲时间（水），那么我们就能充分利用每一个"杯子"的空间。换句话说，如果我们先做最重要的事情，那么剩下的时间就可以自由安排，无论是处理小事，还是放松自己。

这个理论给我们的启示是，时间总是可以挤出来的。就像杯子里的沙子和水，如果我们愿意，总能找到时间去做那些"无关紧要"但实际上很有趣的事情。但关键在于，我们要学会先处理大石块，然后再考虑其他的事情。

亲爱的家长们，通过上面的实验，我们发现时间管理并不是一件难事，它的本质更多的是关于如何计划、如何做好优先级选择。通过教会孩子们如何识别和处理生活中的"大石块"，我们就能帮助他们建立起有效的时间管理习惯。这样，他们不仅能在学业上取得成功，更能在生活中找到平衡和快乐。

基于上述原理，那么对于孩子的时间管理我们也可以分为生活时间管理、学习时间管理和课外时间管理。把这些类别的时间管理都统一起来进行梳理与计划，就可以很好地帮助孩子。

在生活规划方面，我们要教会孩子们如何管理自己的日常。比如，我们可以从简单的时间管理开始，教会孩子们如何安排自己的一天，包括起床、吃饭、学习和玩耍的时间。这里，我推荐使用"时间饼图"的方法，让孩子们用不同颜色的笔在饼图上画出自己的时间分配，这样既直观又有趣。

在学习方面，我们要鼓励孩子们找到自己的兴趣点。比如，如果孩子对天文感兴趣，我们可以引导他们阅读相关的科普书籍，甚至带他们参加天文观测活动。这里，我想分享一个案例，小张同学是一个对数学非常感兴趣的孩子，他的父母为他制订了一个学习计划，包括每天解决一些数学问题。参加数学竞赛，甚至请了一位数学老师进行一对一辅导。结果，他不仅在学校的数学成绩名列前茅，还赢得了省级数学竞赛的奖项。

课外活动是孩子们发展兴趣和社交能力的重要途径。我们可以鼓励孩子们参加各种兴趣小组，比如，绘画、音乐、体育等。我家小孩有个同班好朋友，小华同学，他是一个喜欢足球的孩子，他的父母就特别支持他加入学校的足球队。每周一、周三、周五练习足球1小时，这样既不耽误课程，也通过足球锻炼了身体，还学会了团队合作，并培养了领导力。

那讲到这里，我想分享一个故事来帮助大家理解，到底我们要怎么具体帮助孩子做好规划？

小李同学自小立志成为一名医生，她对医学的热爱和对生命的敬畏让她决心走上这条道路。为了帮助她实现梦想，她的父母与她一起制定了一个详细的时间规划。

首先，制订短期目标：

（1）学业成绩方面：要保证成绩能考上医学重点大学，同时小李需要在生物、化学等与医学相关的科目上取得优异成绩。

（2）学习基础知识方面：通过阅读医学基础书籍，了解人体结构和生理功能。

其次，制订长期目标：

（1）专业发展方面：参加医学夏令营，接触医学实践。

（2）职业规划方面：了解医生的职业路径和未来医学发展趋势。

接下来就是时间规划了。

周一至周五早上6：30起床，进行半小时的英语听力训练，提高语言能力。在学校集中精力学习，特别是理科课程。放学后，安排1小时的自主学习，复习当天所学知识。晚餐后，进行1小时的医学书籍阅读，扩大知识面。周六上午参加学校的科学俱乐部，下午参加医学夏令营的线上课程。周日上午进行一周学习内容的总结，下午参与家庭活动，保证社交和休闲时间。

同时父母为她购买了医学入门书籍和相关在线课程。鼓励她坚持梦想，遇到困难时给予她信心和动力，还确保小李有充足的睡眠和适当的体育锻炼，保持良好的身体状态。

最后通过这样的时间规划和家长的全方位支持，小李不仅在学业上取得了优异的成绩，还在医学知识上有了显著的积累。她的英语能力也得到了提升，为将来可能的国际交流打下了基础。更重要的是，小李学会了如何管理自己的时间,这对她未来的学习和职业生涯都将产生积极的影响。

所以通过这个案例,我们可以总结出来,如何具体帮助孩子做好时间管理。

首先,我们可以教他们制订计划。无论是一周的学习计划,还是一天的任务清单,清晰的规划都是时间管理的第一步。

其次,我们要教会孩子设置优先级。有些任务可能更紧急,有些可能更重要。教会孩子们如何区分这两者,并根据优先级安排任务,是时间管理的关键。

优先级的分配具体怎么做呢?

那就是我们要教会孩子始终做最重要的事情。比如,我们可以教孩子用"吃掉那只青蛙"的方法开始每一天,也就是说,先解决最困难、最重要的任务。这样一来,他们就会感到一天中的压力逐渐减轻,而不是越来越重。

接下来,我们要教会孩子如何利用大段时间和零碎时间。大段时间,就像是一块空白的画布,等待着孩子去绘制他们的杰作,这可以是几个小时的专注学习,或者是一个项目的深入研究。而零碎时间,就像是那些小小的彩色碎片,我们可以教孩子如何将它们拼凑起来,变成一幅幅小画作,比如,在公交车上阅读,或者在等待的时候复习笔记。

我们还可以通过一些具体的工具来帮助孩子。比如,我们可以和孩子一起制订家庭作业的时间表,帮助他们规划学习时间。我们还可以鼓励和教会孩子使用时间管理工具,比如,一个世界公认的时间管理方法——GTD(Getting Things Done)。这不仅是一个方法,更像是一种生活方式。GTD的核心是将任务和项目分解成可操作的行动步骤,并把它们记录下来,这样我们的大脑就不需要时刻记住所有的待办事项。

当前世界公认的GTD方法包括五个步骤:捕捉、澄清、组织、反思和执行。

首先,孩子们要学会如何捕捉所有的想法和任务,无论是用笔和纸,还是使用数字工具。其次,我们要帮助他们澄清这些任务,确定下一步的具体行动。再次,我们要教会孩子如何组织这些任务,把它们放在合适的位置,比如，日历、待办事项列表或者项目文件夹。每周的反思时间是GTD方法的关键。在这段时间里，孩子们可以回顾过去一周的进展，更新任务列表，并为下一周设定目标。最后，执行阶段就是将计划付诸行动，一步步完成待办事项。

接下来我们来聊一聊每个家庭的日常——作业管理。是的，你没有听错，就是那个让无数家长和孩子又爱又恨的作业。但别担心，我们今天不是来增加大家的负担，而是来分享一些轻松有趣的策略，让作业管理变得不那么可怕。

首先，我们需要作业记录表。这不仅是一个记录作业的地方，更是一个帮助孩子养成良好习惯的工具。想象一下，如果孩子们有一个清晰的地方来记录所有的作业和截止日期，他们是不是就能更清楚地知道自己的责任和任务？这就像是他们的个人任务控制中心，让他们对学习有更多的掌控感。

其次，我们协助孩子一起完成作业时间规划。这不仅是关于分配时间给每项作业，更是教会孩子如何优先处理任务。我们可以和孩子一起坐下来，根据作业的难度和截止日期来规划他们的学习时间。这样，他们就能学会如何在大任务和小任务之间平衡，而不是在最后一刻手忙脚乱。

当然，我们也不能忽视执行过程。这是孩子们真正开始行动，完成作业的时候。我们可以鼓励孩子采用"番茄工作法"，这是一种简单易行的时间管理技巧，通过25分钟全神贯注的工作和5分钟的短暂休息来提高效率。这样，孩子们不仅能保持专注，还能在学习中找到乐趣。

在这个过程中一定要关注孩子的进步和需要提高的部分。每个孩子都是独一无二的，他们在时间管理上的进步也应该得到认可。我们可以和孩子们一起回顾他们的作业管理情况，表扬他们的进步，同时帮助他们找出需要改进的地方。这不仅能够增强他们的自信心，还能激发他们不断进步的动力。

根据上面给大家的方法和技巧，我们总结出了如何培养杰出的时间管理者的方法：教会孩子们明确自己的任务，这不仅是关于作业，还包括他们的日常责任和目标；教会孩子们区分任务的轻重缓急，这就像是在厨房里准备晚餐，我们需要先处理那些需要长时间烹饪的菜肴，然后再处理那些快速简单的小菜；还需要教会孩子们找到合适的方法来完成任务，这可能意味着找到最佳的学习环境，或者使用一些学习工具和技巧，一旦孩子们明确了任务和方法，他们就需要付诸行动，我们可以鼓励孩子们采取小步快跑的策略，一点一点地完成任务，而不是试图一次性完成所有事情；最后，我们要教会孩子们反复反馈和勇于自我探索，这意味着他们需要定期回顾自己的时间管理情况，思考哪些方法有效，哪些方法需要改进。我们可以通过提问和讨论来引导孩子们进行自我反思，帮助他们不断成长。

亲爱的家长们，我想给大家留一个"家庭作业"。我希望每位家长都能成为孩子们的时间管理导师，你们是孩子们的榜样，你们的行为和习惯将直接影响到孩子们。所以，当你们在谈论时间管理时，不妨分享一些自己的经验和故事，让孩子们知道，即使是大人，也需要不断学习和进步。我鼓励大家与孩子们一起制订一个"家庭时间管理计划"。这不仅是一个让孩子们学习如何管理时间的机会，更是一个增进家庭关系的好方法。你们可以一起讨论，一起规划，甚至可以互相监督和鼓励。

不过我想提醒大家，时间管理不是一蹴而就的，它需要我们持续地练习和改进。所以，当你们发现孩子们在时间管理上有所进步时，不要吝啬你们的赞扬和鼓励。

让我们期待孩子们在时间管理的路途上，能够越走越远，越走越好。

帮助孩子做好生涯规划

我们先要搞清楚什么是广义的生涯规划。简单来说，它不仅仅是选专业、找工作那么简单。广义的生涯规划，是关于孩子如何清楚地知道自己的未来，如何让自己的生活过得更有意义。我们为什么要给孩子做生涯规划和选修课的指导呢？因为父母才是孩子与这个社会链接的第一桥梁，父母的陪伴与指导举足轻重。

我们都知道，高中生活是充满挑战和选择的。从选修课到高考志愿，每一步都像是在玩一场"人生大富翁"游戏，每一次选择都可能决定未来的走向。

说到规划，你们可能会想，这是不是意味着我们要开始带着孩子做那些让人头大的计划表了？别担心，我们聊的规划，更像是一场精彩的旅行规划，而不是无尽的任务清单，是关乎孩子未来大计的重头戏——高中生涯规划。咱们得从2014年说起，那可是个教育界的大年。记得那年国务院发布的《关于深化考试招生制度改革的实施意见》吗？这可不仅仅是一张纸，这简直就是给咱们的教育系统来了个"大升级"。这项政策的核心，就是要"促进公平、科学选才"。它告诉我们，每个人都有机会，每个人都有选择的权利。不再是以前的"一考定终身"，而是"六选三"，给了咱们20种不同的选择。这就像是给了一把能打开各种门的万能钥匙，让咱们的孩子可以根据自己的兴趣和特长，选择自己的道路。

但是，钥匙多了，是不是就意味着可以随便开门呢？当然不是。这就得说到生涯规划教育了。它不是告诉你该往哪儿走，而是帮你找到自己的方向，让你能在这个充满选择的新世界里找到自己的路。

咱们都知道，高考是人生的重要分水岭，但新政策告诉我们，高考不是终点，而是新的起点。它鼓励咱们提前规划，提前准备，这样当咱们站在高考这个跳板上时，就能跳得更高，跳得更远。

这项政策的实施，也意味着咱们的教育观念正在发生变化。以前，我们可能觉得孩子学习就是为了考试，但现在，我们开始意识到，我们培养孩子好好学习读书是为了生活、为了未来。所以，指导孩子生涯规划教育，就是帮助孩子把学习与生活、未来联系起来。

在这个新模式下，孩子得在高一就开始做出选择。这听起来可能有点令人焦虑，毕竟很多人在这个年纪可能连自己最喜欢的口味都还没确定呢。但这就是现实，你得开始带着他去思考，他大学要学什么，将来可能要做什么。这就像是在一张空白的地图上，自己要画上路线，决定自己的方向。

比如说，如果孩子对星星、生物好奇，选择了物理、化学和生物，那他将来可能成为一名探索宇宙的科学家，或者穿上白大褂，成为一名治病救人的医生。如果他对历史故事感兴趣，选择了历史、政治和地理，那他可能会成为一位在法庭上辩论的律师，或者在大学里研究历史的学者。

这些选择，就像是在孩子的人生地图上画下了一条条路线，指引着孩子前进的方向。但别忘了，地图上不只有一条路，而是有很多条。生涯规划就是要帮助孩子理解，这些路线分别通向何方，哪一条又是你真正想要去的地方。而且生涯规划不是一成不变的，他今天喜欢的东西，可能明天就变了，他今天擅长的事情，也许将来会有新的发展。所以，生涯规划是一个动态的过程，需要不断地去了解、去适应、去调整。

在这个过程中，孩子可能会遇到困难，可能会感到迷茫，这很正常，每个人都会经历这样的时刻。但重要的是，要学会如何面对这些困难，如何找到解决问题的方法。这就是生涯规划的真正意义——它不仅是规划孩子的学业，更是规划孩子的人生。

所以，亲爱的家长们，高中阶段是人生中非常重要的一个阶段。我们一定要明白这个重要的核心，在这个阶段，孩子不仅要学习知识，更要学习如何规划自己的人生。生涯规划不是一件难事，也不是一件遥不可及的事，它就在我们身边，它就是我们生活的一部分。

给大家讲个故事吧，听过杜青云这个名字吗？他可是个不折不扣的"学霸"。今天，我想和大家分享一下他的故事，因为这不仅是一个关于学术成就的故事，更是一个关于生涯规划和选择的故事。

杜青云，一个来自湖南张家界桑植县的小伙子，他的家庭并不富裕，但他却拥有着令人羡慕的家庭背景——他的父亲是一位公务员，母亲是一位初中老师。这样的家庭为他提供了良好的家庭教育，从小就为他的人生打下了坚实的基础。

杜青云在幼儿园时期就跳级上了大班，四岁就开始上小学。这听起来是不是有点像电影里的情节？但这确实是他的真实经历。从小学到高中，他一路狂奔，一路优秀，简直就是我们口中的"别人家的孩子"。

2016年，年仅15岁的杜青云在高考中以704分的高分，成为湖南高考理科第二名，成功考入了北京大学光华管理学院。这可是多少人梦寐以求的事情啊，但对杜青云来说，这并不是他自己的梦想，而是父母的期望。

在北京大学的日子里，杜青云面临了巨大的挑战。他开始意识到，这不是他真正想要的生活，他并不喜欢所学的专业。这种压力最终让他患上了抑郁症。这告诉我们什么？即便是学霸，即便是在别人眼中拥有一切的人，也会面临选择错误带来的后果。2020年，19岁的杜青云决定退学复读，他再次以698分的高考成绩，加上20分的加分，以总分718分的成绩，成为了湖南省高考理科状元。这一次，他没有再听从父母的建议，而是毅然选择了自己喜欢的清华大学新雅书院。

这个故事给我们的启示是什么？首先，即使是最优秀的学生，也可能因为生涯规划不当而遭遇困境。其次，生涯规划不仅仅是为了考试，更是为了找到自己真正热爱的事业。最后，无论面临多大的压力，我们都要勇敢地做出自己的选择，追求自己的梦想。

杜青云的故事，就像一面镜子，映照出我们每个人在生涯规划上的困惑和挑战。他的经历告诉我们，生涯规划很可能是随着阶段不断变化的，它需要我们不断地去探索、去尝试、去调整。

讲到这里，我想和大家聊聊一个非常有意思的话题——高等教育和职业成功之间的关系。你们可能觉得，如果孩子上了好大学，学了热门专业，就相当于给未来的自己买了一张成功的彩票，但现实真的这么简单吗？

首先，我们得承认，高等教育确实是一块敲门砖。它能为我们打开很多扇门，让我们有机会接触到更广阔的世界。但是，进了门之后，能走多远，能爬多高，这可就不完全是学历能决定的了。你们有没有想过，为什么有些人学历不高，但依然能在职场上混得风生水起？

我们再看看专业选择和未来职业前景的关系。你们可能觉得，选个热门专业，将来就业肯定没问题。但真的是这样吗？热门专业的确有市场需求，但市场是会变的，今天的热门，可能几年后就饱和了，而且，如果你对这个专业不感兴趣，就算就业前景再好，你也可能做不长久。

所以，我们在指导孩子选择专业的时候，不能只看眼前的热门，还要教会他看自己的兴趣和特长。打个比方，如果你的孩子喜欢音乐，但你觉得音乐专业就业前景不好，于是去学了计算机。几年后，你可能会发现他虽然找到了工作，但每天上班都像上刑一样，这样的生活，真的是你和孩子都想要的吗？

而且我们在这个过程中，要学会不断地自我反思，不断地调整自己的方向。我们和孩子对于职业生涯规划一定要打有准备的仗！不能让孩子觉得自己做什么都会成功，否则过于自信就会陷入"邓宁–克鲁格"效应。这个效应是由心理学家邓宁和克鲁格提出的，它描述了一种现象：那些能力欠缺的人往往意识不到自己的不足，他们可能会高估自己的能力，而低估了任务的难度。

这个效应在我们的生涯规划中也非常重要。因为如果我们不能带领孩子准确地评估自己的能力和兴趣，就可能做出错误的选择。比如，他可能觉得自己对数学很感兴趣，但实际上，他可能只是喜欢数学老师而已。孩子在分析事情的时候往往容易陷入情感中，但如果我们家长没有意识到这一点，不及时提醒孩子，你究竟是喜欢数学本身还是觉得数学老师很好呢？就可能导致在选择专业或者职业道路时，走上错误的方向。

所以，我们要怎么做呢？接下来我们要聊如何做好生涯规划了。

这就得提到我们的"生涯规划金三角"了。这个金三角由三个关键要素组成：自我认知、目标设定和行动计划。

首先，自我认知，这是金三角的基石。你得带着孩子了解自己，知道自己喜欢什么，擅长什么，价值观是什么。这就像是在地图上找到自己的位置，只有知道自己在哪里，才能知道要往哪里去。

其次，目标设定。作为家长，我们要帮助孩子给自己设定清晰的目标，这些目标要具体、可衡量，而且要现实可行。设定目标就像是在地图上标出目的地，得知道自己的梦想和追求是什么。

最后，行动计划。有了目标之后，我们要带着孩子制订计划，一步步朝着目标前进。这个计划要详细，要有时间表，还要有应对突发情况的预案。行动计划就像是行进路线，告诉孩子怎么从现在的位置走到目的地。

要做好生涯规划，就不得不谈舒伯的生涯发展理论。舒伯，这位心理学家，他提出了一个关于我们如何在一生中发展和变化的理论。他把我们的生涯发展分为五个阶段：成长、探索、建立、维持和衰退。每个阶段都有其特点和任务，就像游戏里的关卡一样，我们需要一关一关地过。

在成长阶段，孩子主要是学习和模仿。小时候，他们模仿父母、模仿老师，学习如何成为一个"社会人"。探索阶段，他们开始尝试不同的角色，比如，选择不同的课程，参加不同的活动，了解自己的兴趣和能力。接下来是建立阶段，这时候他们开始选择职业，开始他们的职业生涯。维持阶段，则是在职业生涯中不断进步，保持他们的成就。最后是衰退阶段，这时候他们可能会退休，开始享受生活。

但记住，这个理论并不是说我们一定要按照这个顺序来，也不是说每个阶段都要完成得完美无缺。每个人的生涯发展都是独特的，就像我们的指纹一样。

所以，要做好生涯规划发展，需要他们做好自我探索，了解自己的兴趣、能力、价值观。这就像是拿着一面镜子，仔细地看自己，了解自己到底是谁。孩子们需要做职业探索，但外面的世界很大，有很多不同的职业和工作。我们可以带领他们通过阅读、实习、访谈等方式，去了解这些职业到底是做什么的，需要什么样的技能和知识。接下来，是设定目标。我们不能让孩子没有目的地乱走，他们需要知道自己想要去哪里，想要成为什么样的人。设定目标就像是在森林里挂上一条条彩带，指引他们前进的方向。有了目标之后，他们就需要制订计划。这个计划要具体，要有步骤，还要有时间表，每一步该怎么走，需要做什么准备，都要清清楚楚。

最后，是采取行动。计划做得再好，如果不付诸行动，那也只是空想。我们需要鼓励孩子勇敢地迈出第一步，然后一步一步地走下去。

而生涯规划做得好，离不开选修课的选择。为什么呢？因为选修课这可是孩子们高中生活中的一大亮点，也是孩子展示个性、发展兴趣的舞台，是孩子们除了学习外可以真正了解自己，接触社会生活的平台。

首先，让我们看看四川的新高考"3+1+2"模式。这个模式听起来是不是有点像数学公式？其实，它正是孩子规划未来的重要工具。在这个模式下，孩子需要选择三门主要科目，加上一门首选科目和两门再选科目。这不仅关系到孩子的高考成绩，更关系到他们未来的学习方向和职业发展。

"3"代表的是语文、数学、外语这三门基础学科，它们是我们学习的基石。而"1"则是在物理和历史中做出选择，这两门学科分别代表了自然科学和人文科学两大领域。最后，"2"则是在思想政治、地理、化学、生物学这四门科目中选择两门，这就给了孩子更多的灵活性和选择空间。

这个模式的好处在于，它允许学生根据自己的兴趣和特长来做出选择。如果他对科学充满热情，那么物理、化学可能是他的不二之选。如果他对历史和地理感兴趣，那么这些科目将帮助他更深入地探索人类社会和自然环境。

但选修课的选择不仅仅是为了应对高考，它更是生涯规划的一部分。通过选修课的体验，孩子可以探索和发现自己的潜能，为未来的学习和工作打下基础。所以在选修课的选择上，要考虑自己的兴趣、未来的职业规划，甚至是自己的学习风格。同时，选修课的学习往往需要孩子自己安排时间、管理任务。这不仅仅是学习知识，更是在实践中学会如何管理自己，如何有效地达成目标。选修课还给了孩子这样一个机会，让他们在安全的环境中尝试新事物，学会面对挑战。

家长们，我们讨论了如何带领孩子做好学业规划，分析了新高考模式下的选择，还探讨了生涯规划的重要性。我想强调的是，生涯规划教育不仅仅是帮助孩子选择科目、填报志愿，更重要的是，它教会孩子们如何为未来做准备，如何面对生活中的各种选择和挑战。

每个孩子都是独一无二的，都有自己的梦想和追求。在规划生涯时，我希望家长可以给予孩子们底气，能够勇敢地追求自己的热情，做出最适合自己的选择。记住，每一次选择都是他们成长的机会，每一次尝试都可能带来新的发现。我希望家长们能够善用这座桥梁，教会孩子不断探索、学习和成长，最终实现自己的梦想。

孩子专业方向的选择要趁早

先来看一个关于高考志愿填报的案例。这是2023年高三毕业的学生，当时家长在"二诊"后做的志愿填报草表，给我做审核。我看到这个志愿表就问家长：电气工程及其自动化需要物理好，计算机科学与技术需要数学好，医学类需要化学和生物好，建筑学要加试素描，孩子还得懂点艺术。从工作环境来讲，金融学、动物医学、师范类都需要和人打交道，不能太内向。金融数学和计算机就不需要和人打交道，适合不太外向的孩子，电气工程如果选行业内院校可以本科就业，心理学专业就业需要比较好学校的研究生。这么填下来，孩子相当于一个全科实力都很强，性格上无任何弱点的六边形战士了，问题是，孩子是这样的人吗？我这样讲了之后，家长忽然就明白了，他说他也觉得这个志愿表填得有点乱七八糟，但是他又说不出来问题在哪里。所以高中生从高一开始，就要考虑自己的专业方向，而不等到高三再说。

那么高中生应该怎么来考虑自己的专业方向呢？

如果孩子对自己的性格和兴趣把握不准的时候，可以先根据自己的学科能力来选择专业。比如，语文学得特别好的，可以选择汉语言文学、外国语言文学、新闻传播类。数学学得特别好的，可以选数学与应用数学、经济学、金融学、计算机科学等。英语学得好的，一般会建议试试小语种和外国语言文学、对外贸易。政治学得好的，像法学类专业就可以试试。历史学得好的，图书馆学、历史学、国际关系都可以。地理学得好的，地理科学、城市规划、地质勘探、气象类的都不错。既喜欢物理又喜欢数学的孩子大部分的工科专业都可以报。如果喜欢化学，可以选择材料类、化学工艺与工程、能源与动力、食品科学；生物学得好的，医学类、农学类、生物技术类都不错。还有些孩子有美术功底，那么除了美术学方面的专业外，设计类、新媒体类、建筑学类都是可以考虑的。

孩子们还可以根据自己的性格来选择专业。有些孩子动手能力比较强的，但是又不太喜欢交际，不太喜欢跟人打交道，那这种孩子其实比较适合工程类、技术类等工科类的专业，并且这个工科类的专业，还需要一点体力、工具、器械来操作就比较好，像微电子、航空航天类、信息类都是可以的。有些孩子比较适合做研究，就是他的观察能力比较强、抽象思维能力比较强、求知欲比较强，特别有好奇心，好动脑筋，擅长思考，但是动手能力稍微弱一点，这种孩子其实比较适合搞科研，那么基础医学、营养学、药学这些可能就比较适合他。有些孩子属于社会型的，喜欢跟人打交道，喜欢为他人服务，喜欢教育他人，那么医学、教育学，还有管理方面的，像管理科学、工程造价、人力资源管理都是可以的。有些孩子精力特别充沛，自信心特别强，擅长交际，具有领导才能，那么像公共关系学、公共事务管理、经济管理、航运管理等都是可以的。还有一些孩子特别传统，喜欢按计划办事，特别习惯于接受他人的领导，不喜欢冒险，但是工作非常踏实，遵守纪律，那么这种孩子适合做档案和统计报表这一类的工作，就比较适合会计学、图书与档案管理、审计学等。

不管我们选择什么样的专业，最后要以终为始，就是我们都要以自己的一个职业目标为最终的需求，或者以自己的生活目标为一个最终的需求，比如，我们希望去铁道部相关司局工作，那可能会计类、电气类、计算机类、铁道交通类、控制类是可以的，但要学个口腔医学或者城乡规划那是肯定不行的。

那么家长们怎么帮助孩子找到适合他的专业呢？

首先，我们要向未来学习，因为我们孩子学了这个专业，他是要在未来进行工作的，所以家长们要去探寻这个专业趋势的基本规律，高中生是很繁忙的，他是没有什么时间去查证的，需要家长帮他去查证一些资料。我们可以在国家人社局的网站上去查找职业目录，看看哪些职业已经消失，特别要注意新产生了什么职业。另外，要去教育部网站上查找最新的专业目录，看看新增专业有哪些。另外，我们也可以看看与专业趋势相关的研究报告，比如，麦肯锡就有研究报告，说到了2030年左右，我们的工作会发生哪些变化，专业会分成哪几个区间，各自对应什么特点的人群。比如，技能型的工作，未来的趋势是与人工智能协同。社会情感型的工作，就是要跟人打交道的，就需要去感知一个人和另外的人不一样的地方，比如，医生、咨询师、设计师等，都是交往沟通、洞察反思和语言能力的工作等。

其次，家长还要从多个角度去帮助孩子发现自己的个性潜能和特质，因为现在的选科组合提前到了高一，所以对整个专业的认识、职业的向往和人生方向的确定，都需要从高中入学就开始，且贯穿整个高中三年，这也是孩子不断去发现自己、寻找自己、成为自己的一个过程。家长可以帮孩子找一些性格测试的资料，也可以从多个角度发现孩子的潜能。

再次，还可以和孩子一起讨论，先排除掉孩子不愿意去的专业，比如，怕血的孩子不会选择医学，没耐心的孩子不会考虑师范，喜欢自由的孩子不喜欢军警类专业。排除后剩下的专业就是孩子至少能接受的专业了。然后还可以看看各个专业领域一些专家的讲座，报一些与专业相关的比赛或者高校夏令营，也许在体验中，孩子会突然明了自己内心的真正方向，而且明确方向后，孩子会非常努力地去学习，让自己能够有实力够得着自己想要的东西。

最后，家长可以结合自己家庭的背景情况，给孩子一些建议。因为不同专业的生命周期是不一样的，像计算机，年轻的时候就更有优势，但是年龄大了不转管理岗位就会难一点，收入也会呈现下降趋势，甚至有可能失业。而医学越老越有经验，但是医学专业学习的时间非常长，最好要读到博士，还要规培。在程序员这个职业赚大钱的时候，准医生们还过着既辛苦又清贫的生活，但是到了中年掌握一定技术之后，医生这个职业的黄金岁月就来了，而且只要是技术好的医生，根本不用担心被人辞退。所以一个家庭如果经济条件不好，急需用钱，可能就要选择在年轻的时候就能赚钱的这种专业，那么一个家庭的经济条件还可以，并有先念书再就业的家族传统，就可以接受先坐冷板凳，后来成为专家的专业，甚至是一些冷门专业，先把博士读出来，然后搞科研。

专业的选择要考虑到行业的变革，有些行业的变化是非常大的，要活到老学到老，像人工智能、临床医学、会计学等都是这样的。如果喜欢稳定和没有变化的生活，可以从专业角度考虑。

家长和孩子共同努力来寻找适合孩子的专业是非常重要的。也许现在家长确实是花费了一些精力，但是未来收获的是一段美好的关系，孩子会非常感谢你，而我们也会看到一个全新的孩子。最后大家要认识到，虽然专业重要、大学重要，但从某种意义上来说，这些都不是最重要的，我们的价值观、世界观更重要。在社会中生存，灵活的心态、持续学习能力或许比单一的专业实力更重要。

第六辑

提高孩子的适应能力

06

如何帮助孩子适应新学校

今天和大家共同探讨一个对于我们每位新生家长都极其重要的话题——如何帮助我们的孩子顺利适应小学一年级的生活和学习。

随着我们的孩子从幼儿园迈入小学的大门，他们不仅面临全新的学习环境，还将接触不同的课程结构、师生关系以及更加规范的日常作息。这一重大转变，虽充满激动和期待，同时也可能伴随不安和担忧，因此，理解这一阶段的各种挑战对于家长来说至关重要。

我们来看孩子面对的挑战部分：环境、社交和学习三个方面。

（1）环境挑战。孩子从熟悉的幼儿园来到一所小学，包括更大的校园、不熟悉的老师和同学这一切对孩子来说可能会感到陌生和威胁。孩子可能会对如何在新环境中找到厕所、餐厅、饮水处等地方感到担忧。

（2）社交挑战。

建立新的友谊：孩子离开原有的集体，需要在新的环境中建立友谊，这很可能是孩子所担心的，尤其是对那些在社交上较为内向或害羞的孩子，他们可能会担心怎么与其他陌生的孩子互动。

适应新的社交规则：小学的社交互动可能与幼儿园有所不同，孩子需要学习和适应新的社交规则和行为预期，如排队、等候轮流等。

适应新的老师的要求：比如，如何排队、下课说话的声音大小、起立回答问题的姿势等，这些都需要孩子重新适应。

（3）学习挑战。

结构化学习：从幼儿园的自由玩耍过渡到小学的结构化学习，孩子需要适应固定的时间表、坐在课桌前学习的要求，以及完成更多正式的学习任务。我记得我家邻居说过，他们家孩子一年级上学期的时候，在上课老师一说到开心的事情，居然会爬到桌子上去蹦跳，吓得老师生怕他从桌子上掉下来。所以单单静坐可能对于有的孩子来说就是一大挑战。

新学科的适应：从小学开始，有一些新学科的引入，如英语、科学等学科，孩子需要快速适应并掌握基本概念，按时上课、完成作业和参加考试成为新常态。不过好的是"双减"以后，一年级的书面作业和考试几乎没有了，但是课堂练习还是有的。

当我们了解了这些挑战以后，我们家长可以从哪些方面进行帮助呢？

首先，在环境适应方面。我们要利用好参观日，一般入学前学校都会开放校园参观，一定要在这一天和孩子一起熟悉学校，比如，教室、饮水处、厕所、教师办公室、图书馆和操场等，回家后陪孩子一起画一张地图，并且在家中进行模拟，从开学那天开始，就是孩子独立在学校生活了。

要做好准备工作。在物品方面，也就是学校生活中必需的物品，如合适的书包、文具等，一般学校开学前都会发通知，按照老师的要求准备就好。还要建立上学前的准备流程，如早晨的起床、穿衣和早餐习惯，以减少早晨的匆忙和压力。

其次，在社交和心理方面。在学校这个环境中，主要会有同学之间的社交和师生之间的社交。对于同学之间的社交，我们首先要鼓励孩子建立新友谊，参加兴趣小组、体育活动等，同时我们家长也可以通过家长聚会，邀请其他同学来家里玩等，为孩子主动创造社交机会。

对于师生之间的社交，我们也要协助孩子通过礼貌的沟通和互动，与老师建立良好的关系。比如，向孩子解释老师的角色，帮助孩子理解老师既是指导者也是朋友。鼓励孩子主动与老师交流，比如，向老师提问和在课后谈论自己的兴趣。

在心理层面也要注意，孩子进入陌生环境，其实焦虑的不仅是孩子，我们家长有时候比孩子更焦虑，其实焦虑来源于不确定，诸如，不确定的环境、不确定的人际关系，以及不确定的处理方式等。我们家长可以做一些什么来缓解这些不确定呢？那就是阅读和演练。

阅读方面，我推荐一些绘本和书籍。比如，《小阿力的大学校》，这本书对孩子刚入学的心理刻画得很细腻，特别是孩子来到一个陌生的环境，对孩子那兴奋又担心的矛盾心理刻画得非常生动。同时我们也可以学习故事里的妈妈，如何为孩子准备好一切物品，包括心情等。

比如，《我爱一年级》，这本书从孩子的视角，讲述了学校里的各种趣事，增加孩子对学习的向往和喜爱。

比如，《一年级大个子，二年级小个子》，这也是学校的推荐读本，作为刚刚入学的孩子来说，是一本带拼音的衔接读本，字比较多，需要家长陪读。

上面我们分享了通过阅读帮助孩子了解学校。在演练方面，我们可以通过角色扮演的方式，帮助孩子处理在学校可能出现的各种各样的挑战。

比如，来到教室，发现座位上有别的同学的书包，我该怎么做？

比如，在学校食堂，我想要的菜已经没有了，该怎么办？

比如，上课时，同桌找我说话，我应该怎么处理？

比如，上体育课时，自己突然感觉很不舒服该怎么办？

比如，课间休息时，我想加入其他同学的游戏，该怎么办？

比如，被其他小朋友故意毁坏书本，如何向老师寻求帮助？

以上这些场景，我们可以一个人扮演老师，一个人扮演孩子，另外一个人扮演同学，相互探讨更好的解决方案。建议把这种方式一直保留，孩子在未来的学习生涯中，每当遇到无法处理的问题时都可以用。我们也可以反转角色进行练习，让孩子扮演别人，我们扮演孩子，示范正确的处理方法等。

再次，在学习方法方面。孩子进入小学以后，面临从以游戏为主的幼儿生活过渡到以学习为主的阶段了，新的学科、新的学习方式等，都对孩子提出很大的挑战。我们家长需要从良好的学习习惯和良好的家校沟通入手，帮助孩子克服这些挑战。

我们经常都听说要帮孩子建立良好的学习习惯，可良好的学习习惯究竟有哪些呢？我们又该如何帮孩子建立呢？

（1）安排固定的学习时间。帮助孩子设定固定学习时间，例如，每天晚饭后的第一个小时用于复习和预习课程内容，这不仅有助于孩子建立时间管理的意识，还能让学习成为他们日常生活的一部分。

这里需要提醒大家的是，孩子放学回家不要急着给孩子安排作业，正如我们大人刚下班回家也不愿意再加班一样，可以问问孩子有哪些作业，协助孩子预测一下需要花多少时间完成，然后规划一个时间去完成，比如，晚饭后或遛完狗以后，或者从7点钟开始等，一定给孩子一点自由活动的时间。

（2）在家中设立学习角。学习角最好不能看见和学习无关的物件，比如，玩具、零食等，特别是书桌上，孩子一伸手就能够着的范围内，最好只有书本和学习用具，同时，给孩子准备的学习用具也要避免过多花样，越简单越好，可以避免分散孩子的注意力。

（3）制订学习计划。教会孩子如何使用学习计划表或日历跟踪作业的截止日期。这种技能的培养对于提高孩子的组织能力和减少学习压力都是非常重要的。

（4）找机会跟孩子一起学习。比如，在超市教孩子计算零钱、认识包装上的字等。我记得有一位妈妈教孩子认字的方法很巧妙，就是每次来到超市，对孩子说，你只要读对了包装上的字，就可以买这个零食，所以孩子就会有意无意地认识很多字，并且是他自己心甘情愿的。这种寓教于乐的互动不仅增加了学习的乐趣，还加深了家长与孩子的关系。

最后，家校合作。家校合作就像是家长和老师组成的团队，共同为孩子的成长和学习打气加油。就像在一场足球比赛中，老师是教练，家长是助理教练，而孩子是正在场上奋斗的球员。教练（老师）在学校里指导孩子学习知识和技能，而助理教练（家长）在家里继续支持这些学习，确保球员（孩子）能在比赛（学习和成长）中表现出最好的状态。

在这个团队中，家长和老师需要通过定期交流孩子在学校的表现和在家的情况，共同解决问题。所以，我们家长有哪些方法，可以加强家校沟通呢？

（1）对于学校组织的活动尽量亲自参加，因为父母是教育的主体，多参加学校的活动，对于孩子的课堂情况和课外情况有初步了解，不仅能增强家长与孩子之间的联系，还能提高孩子的学习成绩和社交能力。

（2）与老师的沟通，开学初，利用接送孩子的时间，向老师打个招呼，简单介绍一下自己。可以提一提孩子在家的一些习惯，或是询问老师有没有需要家长特别注意的地方等。

（3）要积极关注班级群，还可以在需要时直接与老师交流。保持一种频繁但简短的联系，有利于及时了解孩子在校情况。

以上我们一起探索了孩子从幼儿园到小学这一重要过渡期的各种挑战。从帮助孩子熟悉新的学校环境，到支持他们建立新的社交联系，再到培养良好的学习习惯，我们讨论了一系列实用的策略。通过这些策略，家长们可以更有效地支持孩子，帮助他们在新环境中找到自己的位置，并克服起初的不安感。随着孩子们在学校的每一天，家长们的参与和支持将起到不可替代的作用。

其实养育孩子的过程就像是牵一只蜗牛去散步，所以我们需要给予孩子更多的耐心和理解。

孩子沉迷手机游戏怎么办

我们将分为三个部分来讨论——孩子沉迷于手机怎么办？

首先，我们要认识到手机游戏的危害，其次，我们要找到孩子沉迷于手机的原因，最后，作为父母，我们怎么做？

手机游戏的三大危害：视力、专注力、大脑整体发育。先看视力的危害，蓝光会影响孩子们的视力发展，这也就是为什么国家会把近视防控提升到政治战略层面，因为现在孩子们的近视率达到需要重视的程度了，长时间的蓝光和闪屏对孩子眼睛的影响较为严重，近视的高发也会影响视功能的发育，视功能的障碍会直接影响孩子们的学习。最简单的一个例子，当孩子们在做作业的时候，他计算出来的明明是21，但是最后他写在作业本上的是12，大部分家长会认为是孩子粗心，但真实原因是视功能导致的马虎现象。

手机游戏还会对大脑的发育有重大影响。孩子们在游戏中习惯了及时反馈，会影响孩子的专注力发展，孩子在学习中就很难专注学习。大脑专注力的区域需要上千亿的大脑神经元支持，主管孩子的五官感受，五官感受齐全，树突越多，神经元网络越发达，其专注力会越强。但是大脑在长时间的游戏训练中，仅仅是部分的视力区域受到了锻炼，其他的听、味、嗅触觉未能得到锻炼，则孩子大脑这部分的神经元树突难以得到锻炼生长，如果只有几百亿的神经元，这样怎么能维持孩子的专注力呢？在长期的游戏中，孩子们只有视觉区域得到较好发育，大脑的其他区域，如体能区域、语言区域、执行功能区域等受到严重影响。

案例1：一个初中生玩王者荣耀，用父亲的储蓄卡充值6000余元用于购买游戏皮肤，所幸发现较早，才能及时止损。

案例2：小华从小喜欢玩电脑游戏，成年后近视度数达到1800度，眼镜片犹如啤酒瓶底，摘掉眼镜犹如盲人，到42岁时，已经出现黄斑病变、眼底出血等眼部疾病。超高度近视危害不仅是眼底病变，还包括早发白内障、青光眼等。

案例3：这个孩子从小沉迷手机游戏，且游戏成瘾，加之是家中独子，家长过度宠溺，孩子为了能去网吧玩游戏，先是偷家里的东西出去变卖，家长想要管的时候，已经失控。

孩子们沉迷于游戏的原因到底是什么呢？

我们需要搞清楚两个问题：孩子为什么喜欢玩游戏？他从中能获得什么？

我们从孩子自身的原因和家庭的原因两方面来分析。

孩子自身的原因：

（1）孩子的好奇心、为了融入朋友圈、自控力不足等原因。从孩子脑发育的阶段，我们可以看出，青春期孩子需要接纳理解、体谅包容和正确引导，还有自我认同感，认为自己是大人，但其生长发育尚未完全，孩子的前额叶尚未发育完成，其自控力较弱，需要家长进行规范。

（2）逃避学业、父母、社交外貌焦虑等。由于现在很多家长要求超前学习，造成孩子们的学业压力重，作业多，孩子们为了逃避压力，只能在游戏中寻找解脱。有些孩子由于外貌特征，遇到人际关系压力，只能在游戏中去寻找认可。

（3）孩子们的目标模糊、畏惧未知，由于家庭、社会的各种因素，导致孩子们的价值观念偏差，不能结合自身情况制订合理的目标，让孩子们感觉目标不切实际，让孩子们觉得未来失控，只能在游戏中去获得短暂的快乐。

（4）出现"空心孩子"。孩子的情绪得不到释放和接纳，人际关系紧张，不知道自己能做什么，找不到生命的意义。但是在游戏中却可以得到队友的追捧，感受到被认可，能和游戏中的队友们谈心，释放情绪。

我们来看看孩子们都喜欢玩一些什么游戏，根据游戏的类型来观测孩子的心理世界。

现在大众化的游戏包括：王者荣耀、吃鸡、蛋仔派对、第五人格、迷你世界……

玩这些游戏的孩子，大部分有以下共同特点：

（1）孩子的人际关系还可以；

（2）持续能玩到很高的等级，孩子智商高；

（3）现实世界没有组队，沉迷于虚拟世界；

（4）始终闯不过关，学习能力欠缺；

（5）只玩一段时间就转别的，玩不动。

比较小众化的游戏包括：山海经、光遇、斗罗大陆……

玩这些游戏的孩子，大部分有以下共同特点：

（1）人际关系不太理想；

（2）单机类的，思考能力跟不上；

（3）养成类的，内心很柔软和敏感；

（4）链接类的，不太想表达自我；

（5）不玩游戏的，要么天才，要么玩不动。

特别提醒：玩光遇游戏的孩子大部分都是特别孤独，容易上当受骗，而且内心世界特别敏感和脆弱，父母需要加大陪伴。

结合以上情况，我们来分析一下，导致孩子沉迷于游戏的家庭原因。

（1）亲情关系问题。孩子们长时间所处的家庭氛围紧张，即父母关系不融洽；或者是父母的管教方式是专制型，忽略孩子的需求，对于孩子提出的问题得不到及时解决，不能接纳孩子的情绪，让孩子常年处于不安中，孩子缺乏安全感，只能去游戏中寻找。

（2）孩子的人际关系不好，包括孩子的家校社三重关系均出现不融洽现象。亲子关系不融洽、孩子没安全感，导致孩子在学校的人际关系紧张，不能和谐地与同学相处，孩子与老师的关系也紧张，越紧张越影响学习，长期下去孩子可能会出现厌学，为转移注意力，而在网络中寻找关系填补。

（3）孩子的目标感太高，家长控制欲太强，家长情绪起伏不稳定等。当孩子的目标不是跳一下就能够得着的时候，而是一直跳，却看着目标遥不可及，孩子们就只能选择"躺平"休息；父母的控制欲太高，与孩子们的兴趣爱好背道而驰，孩子们也会出现"躺平"的现象。

（4）家庭活动偏少。父母平时在家的活动方式就是上网、游戏或者各玩各的，与孩子没有交流，让孩子在家庭中感受孤独，与社区、社会的连接少，孩子也不善于结交更多的朋友，能参加的活动少，娱乐休闲方式单一无趣，孩子只能在游戏中去寻找更多的连接。

那么家庭如何给孩子们更多的能量，推动孩子们产生内驱力，自动前进呢？

（1）要让孩子感受到自我价值，在家庭中尽量营造良好的家庭氛围，让孩子们在安全积极的环境中成长，家长要不断地寻找孩子的优点，并积极地肯定孩子，让孩子自信起来。

（2）要积极与孩子进行沟通，保持沟通真实有效，父母和孩子都要清晰地表达自己的想法和感受。当遇到困难的时候，有不良情绪的时候，家长予以正确的引导和帮助，接纳孩子的各种情绪，陪着孩子开心，帮助孩子认识愤怒、伤心和害怕等各种情绪，并引导孩子正确地释放情绪。

（3）建立清晰而富有弹性的边界感。和孩子们一起制定规则，在执行过程中坚定又富有弹性，比如，当孩子在玩游戏的时候，我们规定时间是每天1个小时，半小时休息10分钟，做一遍眼保健操。但是某些游戏，一局下来可能需要40分钟，那这个时候我们就需要富有弹性地去告诉孩子，可以允许孩子玩完这一局游戏，再放下手机，但是今天的游戏时间总量不能超过1小时。让孩子们感受到规则清晰，又不至于那么强势。

（4）要让孩子与社会的连接是开放的。现在的教育少不了电子产品，更避免不了孩子们接触网络教育，我们不能完全杜绝孩子们接触网络、玩游戏。因为这个社会是开放的，孩子们需要与社会连接。如果他的同学、朋友都在玩游戏，都看网络小视频，孩子不能接触网络上的最新知识、最流行的歌曲，无疑是让孩子们脱离了他的社交圈，那他与这个社会的连接就是断开的。家庭教育的一切都源于关系，关系大于教育，我们要与孩子建立良好的亲子关系，帮助孩子建立良好安全的关系网络。让孩子在家校社多方面的关系中都能感受到支撑和温暖，孩子才有足够的底气参与更多的社会活动。

我们能完全杜绝孩子上网吗？答案当然是不能的，那么为了孩子能健康地使用网络，作为父母我们可以怎么做呢？

首先，家长在家庭中要给予孩子高质量的陪伴，帮助孩子发展更多的兴趣爱好，创造环境帮助孩子拓展眼界和社交圈。高质量的陪伴并不是孩子做作业，家长坐在旁边玩手机，而是我们手捧一本书默默地在旁作伴；他做1小时作业，我们可以陪着他看1小时的书；改善家庭活动方式，可以陪着孩子一起玩一局游戏，在游戏中和孩子们拉近关系，更多地去了解孩子们；也可以陪着孩子们运动，如跑步、打篮球、打羽毛球、踢足球、参观科技馆、博物馆、和孩子们一起去露营、野炊、参加读书会等。各种运动不仅能强健孩子的体魄，完善孩子们的人格，拓宽眼界以及社交圈，让孩子们去接触更多的大自然，还能促进他们心理的健康发育。

其次，要创建和谐的家庭关系和氛围，让孩子在家庭中能感受到被信任和支持。让孩子在家庭中感受到温暖和爱，人们常说家是温暖的港湾，当孩子在和谐的家庭氛围中长大，他会更加愿意信任父母，当孩子感受到父母的支持后，孩子会更加自信。

再次，对于电子产品的管理要妥善。如果完全不让孩子玩，可能会导致孩子报复性地玩，背着你悄悄地躲在被窝里面玩，通宵地玩，甚至翘课去玩。如果完全没有控制，就会让孩子沉迷于手机，对其他所有的事情都没有兴趣，影响身心健康。因此我们要让孩子学会自我管理，就是我们可以让孩子们制订学习和游戏的时间作息表。父母可以做好边界把控，帮助孩子坚定执行，必须坚定地把自己制订出来的规则执行下去，不能今天半小时，明天1时。

最后，如果父母自己打破规则，就不能怪孩子没有边界感和自制力。父母要给孩子们足够的自由空间，要保持情绪稳定，让孩子有足够的安全感，父母的情绪越稳定，孩子们越有安全感。

总之，希望你在未来的家庭教育中，做孩子们的榜样，能给孩子高质量的陪伴，在与孩子相处的过程当中，能保持平稳的情绪，在孩子的成长过程当中，父母也能不断地成长。

给孩子最好的感恩教育

说起感恩，我们很多小学阶段的父母会跟我们说，孩子一点儿都不懂得感恩，不懂得致谢。我经常就问他们，难道孩子每天都要把谢谢您、我非常感恩您，挂在嘴上才算是感恩吗？我也经常会问，那你们家庭当中有致谢的一个环境吗？他们经常问什么是致谢的环境，我说就是相互说谢谢呀，他们说还要相互说谢谢吗？所以说，有的时候不能怪咱们的孩子，是我们都没有一个感恩的状态，孩子也会问你感恩是什么？

说到感恩的案例，有张图片大家一定不会陌生，图片中的孩子看到妈妈给外婆洗脚，他也端个盆儿到妈妈面前说道：妈妈洗脚。

我的孩子小学一二年级的时候，学校布置的感恩作业是回家给父母洗脚，回家以后孩子端水到我面前说道：妈妈洗脚。

当时一方面觉得还是挺感动的，另外一方面我也在反思，这算是感恩吗？

后来我想，当孩子给我洗完脚以后，我也跟他说了谢谢，他也跟我说，妈妈您最近辛苦了。其实在那一刻我的内心是充满了感动的，难怪大家需要经常说感谢这两个字，是想让我们的孩子也学会感恩，让我们每个人变得越来越温暖。

以前我有个学生，他生活在一个比较温馨的家庭里面，爸爸妈妈的工作蛮辛苦的，经常早出晚归，这个孩子呢，他非常聪明活泼，但是他对父母的这种辛苦是视而不见的。有一天学校布置的家庭作业是回家以后写一篇关于感恩的小作文，这个孩子回到家之后，就开始思考自己应该写些什么。他决定先从了解父母的日常生活开始。

第二天一大早就起得比平时更早，悄悄地躲在房间里面观察，他看到妈妈忙碌的一早上，要准备早餐，然后要赶去上班。晚上呢，看着爸爸拖着疲惫的身子回家。通过观察，这个孩子突然明白了，父母的辛劳和无私的爱。

有一次我们在上课的时候他跟我们分享，他说，当他看到爸爸手上皲裂的伤口，感觉自己有的时候挺不懂事的。周末的时候，这个孩子开始给爸爸妈妈分担一些事情，他早早地起床，学着妈妈的样子给家人做了简单的早餐，在早餐下面放了一张卡片儿，上面写着，爸爸妈妈你们辛苦了，谢谢你们为我做的一切，我爱你们。

后来爸爸妈妈给我分享，当他们看到卡片儿的时候不仅很欣慰，而且那个眼泪止不住就往下掉。那天他们给孩子一个拥抱说道："孩子，你长大了懂得感恩了，我们为你感到骄傲。"

其实爱的传递、感恩的传递，它们是相互的，而且爸爸妈妈也对孩子说：谢谢，因为每天你能够完成自己的学业，不让我们操心。父母也可以给孩子说谢谢，一句简单的感谢的话，让爱在家里流动。从那之后，这个孩子越来越懂事，还经常帮爸爸妈妈去做家务，努力学习，他也知道感恩是一种美德，他能够让一家人的心更加紧密地连在一起。

我是想告诉大家，感恩，它不仅是一种态度，更是一种行为，无论我们多么渺小，只要有心存感恩的心，就能够给身边的人带来温暖和力量。

以前我还有一个学生，那孩子的生活条件比之前那孩子好得多，家庭也比较富裕，他的爸爸妈妈也事业有成，对他的宠爱几乎达到了满足他所有的需求。这个孩子有最新的玩具、最时尚的衣服，但是你会发现父母的这种付出，让这个孩子变得越来越自私和任性，根本不懂得感恩父母的付出。

有一天我们在课堂上就讲到感恩的故事。大家知道羊羔跪乳和乌鸦反哺的故事，小羊羔在吃奶的时候，会跪下前腿，以示对母亲的尊敬和感恩。乌鸦在父母年老体弱时，会主动去寻找食物，然后用嘴将食物送到父母的口中，帮助父母进食。

我们课堂上布置了一项作业，让孩子们去写关于感恩的一些小想法和小作文，这个孩子就觉得这个作业好无聊，回去之后就把作业丢在一边，继续玩他的游戏。晚餐的时候，妈妈给他做了一桌很丰盛的饭菜，可是他却嫌弃地说这个菜不好吃，想吃外面的汉堡。爸爸耐心地说，这些都是妈妈精心为你准备的，你应该好好吃饭。孩子变得非常不耐烦，他说：我不管，我就要吃汉堡。然后说完他便气冲冲地回到自己的房间里面，那天晚上爸爸妈妈感到非常失落。他们也知道如果长此以往，肯定会对这个孩子的成长产生不利的影响。

后来我就给他们提了一些建议。我说：你们可以出门一段时间，这段时间，家里面有保姆吗？你让保姆不要给他做饭，保姆只做一些家务或劳动之类的一些事情，告诉孩子，保姆这段时间不做饭，只负责家务，做饭这些事情得他自己来做。然后你们来观察孩子会不会有一些不一样的改变。

他们也听了我的建议，孩子虽然很不高兴，但是也无可奈何。在爸爸妈妈不在家的这段时间里面，这个孩子第一次感受到孤独和无助，就是他发现，没有妈妈做的饭菜，他就只能够吃面包、面条之类的非常简单的一些东西，没有爸爸的帮助，他作业没人辅导。他开始明白，父母为他做的每一件小事都是那么重要。

最后爸爸妈妈回来了，这孩子就一下没忍住，扑到他们的怀里说谢谢爸爸妈妈，你们以前为我做的一切，我现在才知道原来一个人生活是这么的辛苦。

从那之后，这个孩子就开始去协助爸爸妈妈做一些家务，学习生活的一些技能和技巧，在自己做事的时候感受爸爸妈妈的辛苦，从而开始感恩爸爸妈妈。

我们经常在给爸爸妈妈讲的过程当中，都会告诉他们，其实孩子往往是懂感恩的。只是他们不知道怎么来表达，我们可以去教孩子们，为什么要学习感恩。说实在的，感恩的话，你每天能够听到一句谢谢，你的内心一定是愉快的，而且你会觉得好开心。身边的家人能够给到这种温暖，是特别舒服开心的。

感恩，是一种美德，也是一种行为。

我们在表达对他人的感激之情，是因为我们的眼睛看得见他人的付出，能够对他人的付出致谢。

感恩教育的意义在哪里呢？

我们要培养孩子的感恩之心，要让孩子知道，学会去珍惜身边的人和事，就像刚才我们说到的那个孩子，他爸爸妈妈出去一段时间，他才发现自己一个人生活起来很辛苦。所以有些事情一定要让孩子自己去体验去体会，而不是我们用嘴巴去说。

孩子有感恩之心，不仅能够提升孩子的幸福感，也能提升我们自己的幸福感。相互致谢的过程，一定会让家庭氛围变得非常和谐，也能够促进孩子的社会责任感，还能够塑造孩子积极的心态。感恩还可以提升能量和幸福感、改善人际关系。一个孩子随时都对别人的帮助说谢谢，别人自然也都会想多帮他做事情。

另外，其实感恩也能够减少我们的一些压力，降低我们的焦虑和抑郁情绪。一个随时都怀有感恩之心的人，他会感恩他自己遇到的每一件事情，感恩每一件事情促使他成长，这样就没有太多的精神内耗，不会怨天尤人，很少会有心理疾病。

感恩还可以培养孩子的积极心态——幸福与感恩。

幸福是一种内心的满足和快乐，而感恩是一种积极的心态和态度，所以我们要去珍惜当下的每一刻，做好感恩教育。积极表达感恩之情，回报他人的恩情，记录感恩的瞬间，培养感恩的习惯，在这里，我给大家一些小建议。在日常生活当中，遇到别人帮我们做的事情，哪怕是一点小事情，我们也可以主动地说谢谢。

家人之间，在适当的时候，比如，在睡前或者出门的时候说我爱你以及写一些卡片，经常表达对他们感谢的话。还可以开家庭会议，每个人先感谢一下彼此做的事情，还可以写一些感言，去表达对他们的感激之情。我们会让孩子协助爸爸妈妈去做一些家务，比如，洗碗、打扫房间、整理自己的书桌等，让他成为家庭的一分子，并且要相互致谢，我们还会让孩子去注意观察父母的需要，比如，看他们累了的时候，给他们倒杯水，生病了给他们拿药、盖被子等，这些都是在表达感恩之情。

我们也要花时间去陪伴父母，我们也要做好这方面的一个榜样，去陪爷爷奶奶、外公外婆去散步，去做一些活动，去看电影，玩游戏，带他们经常出去走一走，也可以共度一段美好时光，从而让孩子看到我们不仅在言传，也在身教，同时彼此之间表达感谢。

我们还要倾听孩子在学校里的一些事情，他自己处理问题的一些方法，并且不断地去认可和感恩于孩子，这样孩子自己就会学会表达感恩，他也会去回报他人的恩情。

我们一起去记录感恩的瞬间，去培养孩子感恩的习惯。

我们在做感恩教育的过程当中，我们说到的父母以身作则，还有就是适当地要去示弱。

我们很多爸爸妈妈表现得非常强势，总是不会放手让孩子去做，其实孩子往往去做了之后，他才会知道当中的一些艰辛和劳苦。我们要去做一些农活，可以带着孩子一起去做，如果说没有农活，那我们带着孩子在家里做饭、做家务活儿、洗衣服等一些家务劳动，让孩子去感受，原来做家务活这些都是不容易的，让孩子自愿成为参与家务劳动的一分子。

在节日当中我们要有仪式感，在仪式感当中要有一个环节，就是"谢谢"的表达。过节，大家都很开心，在这个过程当中，我们可以协助孩子，教育孩子，学会感恩，比如，让孩子购买一些礼物，去赠送给一些长辈；制作一些礼物，教师节的时候让孩子送给老师；或者写一封感恩的信，或者做一个小礼品，都可以来帮助孩子，提升孩子的感恩意识。还有很重要的是感恩父母，我们以前在做感恩教育的过程当中，有两个小游戏可以让大家去做。

游戏1：在孩子的肚子上，绑一个很大很大的气球，告诉他们要蹲下来去捡一捡东西，但是不能把气球压爆。在捡的过程当中，我们就会告诉孩子们，爸爸妈妈在养育他的过程当中，从妈妈十月怀胎开始就挺不容易的，让他们自己去体验。

游戏2：还可以带孩子们去体验一下生命的一个进程，每个孩子的身上挂一颗小鸡蛋，告诉他们：做完整场游戏，身上的鸡蛋都不能碎，告诉他们这个鸡蛋里面都是有生命的，我们要去感恩这个生命来到我们的身边，我们要把它保护得很好。

当他们好像做了爸爸妈妈的这个角色之后，他们也更容易去理解父母对他们的爱。所以我们在协助孩子去学习感恩的过程当中，我们也一定要让孩子知道，父母为他做的并不是一切都是理所当然，那是因为我们爱他，我们会给他付出。我们还要引导孩子去参加集体活动，比如，家庭当中的聚会，我们要带孩子去，别人对孩子有表扬、有夸赞，我们要去致谢，让孩子看到我们待人接物的一个过程，这也可以让孩子学会，爸爸妈妈待人接物原来也用感恩的方式。

如果去帮助过我们的朋友家聚会的时候，要跟孩子讲朋友跟我们之间的关系，曾经帮助过我们什么，让孩子知道朋友多了路好走。我们也还要引导孩子去关心班级的一些集体活动，培养孩子对集体的责任感，让孩子懂得，如果想要过得很好，是需要每个人都付出一点点努力的，也会让孩子知道，自己可以努力付出让大家变得更好。还有就是我们要进行一个良好的沟通，协助孩子在感恩教育当中学会什么呢？最重要的是，教他们沟通方法和交流方法，要想一点点地去打开孩子的内心，我们就要经常去致谢，在致谢的过程当中，你就会看到其实孩子很开心，孩子就会一点点打开心扉。

就像平时孩子来找到我们咨询的时候，我们一般都会告诉他们说：谢谢你告诉我这个秘密；谢谢你，我居然没有你想得那么全面；谢谢你，居然能够想到这么好的主意；谢谢你，愿意把内心的话说给我听；谢谢你，今天把情绪发出来了。我们经常把谢谢两个字挂在嘴上，你会发现孩子会慢慢把他的秘密告诉给我们，比如，我有一个学生，他有一天咨询的时候跟我说：唉呀，李老师我谈恋爱了。

一个四年级的小朋友跟我说的，那很多父母就会说：你还这么小的年纪谈啥恋爱，还有的父母会说，你要注意你的学习，别想一些有用的没用的。我当时说的是：哇，太棒了，你有喜欢的人了，喜欢和欣赏是非常难能可贵的感受，这个非常重要。我就问他：那你喜欢她什么呢？他说：她作文写得好。你就会发现孩子原来好单纯，没有大人想得那么复杂。我就告诉他说：谢谢你给我分享这个秘密，我觉得我好开心，你没有告诉爸爸妈妈而告诉了我，后面他把他很多的小秘密都给我分享，包括没到一个月他就跟那个姑娘分了手。你就会发现，当我们把谢谢两个字经常挂在嘴边，孩子真的会不断地跟你表达，他也经常会把谢谢挂在嘴边。比如，我给孩子们准备了一些小礼物，他们就会告诉我说：谢谢，李老师，我好喜欢呀。他们就会去认可你。

甚至我经常会接到很多孩子的一种认可，他们会说：李老师，今天跟你聊天我真的很开心，谢谢你啊。我就会觉得好温暖，因为我会觉得原来我走进了孩子的内心世界当中。很多父母说孩子没有感恩的心，这是父母作为一个成年人对孩子的一个误判。

我经常说，不要给孩子贴上一些成年人的标签，因为这是代表成年人的想法，不代表孩子们的想法。当你能够学会去引导孩子，帮他把感恩的心给表达出来，并且去激发他感恩的心，孩子也能够很好地去表达一个谢谢。

有很多孩子跟我讲，他也想去表达谢谢，他不是看不到爸爸妈妈的付出，但是爸爸妈妈骂他们说：你一点都不懂得感恩，你长大了肯定是不会赡养我们。孩子们说其实他们自己好难过。

所以说，有时候孩子比爸爸妈妈更清醒，我们成年人也要让自己常怀感恩之心，我们也要学会感谢孩子，给他们建立这样一个感恩的环境。

引导孩子学会平衡学习与生活

我们深知，高中生活对于孩子们来说，是一段充满挑战与压力的时期。随着学业的加重，孩子们的时间变得越发紧张，很多孩子每周仅有短暂的一个休息日，甚至有的一个月才能休息一两天。因此，如何平衡学习与生活，成为他们必须面对的首要问题。

然而，我们不难发现，有些孩子由于无法有效管理时间，导致生活节奏失衡，进而影响了学习效果。他们或许会变得懒散，或者在学习进度上跟不上其他同学，这些问题的出现，都源于孩子们未能妥善处理学习与生活的平衡。

针对这一现象，我将从三个方面展开讨论。首先，通过分享一些孩子在高中生活中平衡时间与生活的小故事，让我们从中汲取经验，反思自身。其次，结合具体案例，分析孩子们为何难以平衡高中生活与时间管理。最后，我们将探讨父母如何协助孩子们实现生活与时间的平衡，为他们的成长提供有力支持。

让我们一起来想象一下这样的场景：许多孩子是不是都经历过放假时尽情玩耍，然后一开学就手忙脚乱地补作业呢？其实，到了高中阶段，如果孩子们还是这样无法平衡娱乐和学习，单纯地讲道理可能已经无法解决问题了。

就像我之前接触的一个孩子，他放假回来就忙着玩，等到快开学了才匆匆忙忙地做作业。到了学校，老师会向我们反映他作业没完成的情况。我们问他，他就说周末都在补课，忙得不可开交。但如果他没有补课，那我们又该如何跟老师解释呢？这种情况下，我们该如何跟孩子沟通，帮助他解决作业和时间管理的问题呢？

我记得当时跟这个孩子交流的时候，他每次都会迟到，甚至中途还会出去上个厕所，一去就是十几分钟甚至更久。我很有耐心地跟他交流，慢慢地,他告诉我其实他从小到大都不知道为什么而学习。初中时他成绩还不错,但没有得到过肯定和鼓励,后来成绩就下滑了。中考考得并不理想,这让他心里很不平衡。他觉得以前不如他的同学现在都比他优秀,所以他对学习失去了兴趣,时间管理、行为习惯等也变得一团糟。

这让他的妈妈感到非常焦虑,天天念叨,希望他能改变。但其实,我们可能需要更深入地了解孩子的内心需求,帮助他找回学习的动力。同时,我们也要注意自己的言行举止,不要给孩子过多的压力和束缚。

在这个案例背后,我们可以看到许多高中生都面临类似的问题。他们可能缺乏学习的内驱力,不知道为什么而学习;或者他们可能受到外界环境的影响,无法专注于学习。而我们作为父母,需要更加关注孩子的内心世界,了解他们的需求和困惑,帮助他们找到适合自己的学习方法和时间管理技巧。

所以,亲爱的父母们,当我们面对孩子的学习问题时,不要过于焦虑和急躁。我们要耐心地与孩子沟通,了解他们的真实想法和需求;同时,我们也要学会放手,给孩子足够的自由和空间去探索和发展自己的兴趣和才能。只有这样,我们才能帮助孩子更好地平衡娱乐与学习,让他们在学习和成长的道路上更加自信和坚定。

需要好好聊聊关于孩子生活习惯和时间管理的问题。有个孩子,生活习惯真是一塌糊涂,他妈妈经常给我发照片,照片上就是他房间里的乱象,看得我都头疼。我跟她说,别再给我发这些了,万一哪天孩子看见了,那不得跳起来跟咱们急啊,他觉得咱们跟他爸妈都是一个鼻孔出气的,都想要改变他。

说实话,孩子不收拾自己的房间,这种情况真的挺普遍的。我现在发现,很多孩子生活能力特别差,有些东西他们根本就不认识,更别说掌握生活技能和技巧了。他们也不去收拾自己的房间,很多爸爸妈妈就觉得奇怪了,怎么孩子的生活状态这么乱呢?怎么就不知道整整齐齐的有多舒服呢?

其实啊,不是说孩子不知道整整齐齐很舒服,而是他们根本就没有养成收拾的习惯,而且从小到大被家长代劳得太多了。我经常听到父母说:"曾老师,小时候他做不好或者太小了,没办法好好整理房间,我就帮他做了。等他长大了应该就会了吧,为什么他还是不整理呢?"我跟他们说,当一个人总是依赖别人去解决所有问题，有一天需要他自己面对的时候，他就会发现自己没有能力去应对。

所以，有时候当孩子的爸爸妈妈把房间的乱象发给我看的时候，我都会让他们反思一下。是不是从小到大很多事情都帮孩子做了？是不是从小到大也没有让孩子自己去承担过不收拾的后果？是不是都觉得学习至上，其他的事情就可以放一边？而现在呢，因为孩子的学习可能也不是特别给力，又看到他生活一团糟，整个人就特别糟心。

我经常跟父母们说，衡量孩子的标准不能只用学习成绩。学习成绩好当然可以，但其他的事情也不能不做啊。如果学习成绩不好，那就更得看看他在其他方面的表现了，特别是房间不打扫这种问题，更不能忽视。所以，咱们有时候也得换换衡量标准，多关注关注孩子的生活习惯和时间管理能力，这样孩子才能全面发展，成为一个更好的人。

我们结合先前提及的两个案例，深入剖析为何这些孩子在平衡生活与时间管理方面存在困难。以第一个案例为例，这个孩子明显缺乏时间观念。这一现象并非偶然，其背后隐藏着家庭环境中某些不为人知的细节。在家中，或许有一个特别喜欢催促的人，他们不断地念叨和啰唆，试图引导孩子建立时间意识，然而，这种方式往往适得其反。孩子感受到的，除了无休止的唠叨，更多的是无力和烦躁。

在这种情绪累积之下，孩子开始学会"左耳朵进，右耳朵出"，对父母的教诲充耳不闻。在他们看来，父母的念叨并不能真正帮助他们解决问题，反而成了他们生活中的一种负担。因此，孩子逐渐形成了忽视时间、逃避责任的习惯，进而影响他们的学习和生活。

当孩子在时间管理上出现问题时，他们的学习成绩往往也会受到影响。缺乏计划安排的孩子，在学习上难以取得突破，导致他们在学校和家庭中缺乏成就感和价值感。这种负面情绪的累积，使得孩子更加抗拒父母的教诲，形成了一种恶性循环。

在这种状态下，孩子的学习内驱力逐渐减弱，他们开始怀疑学习的意义和价值。他们可能会问自己："我为什么要学习？我为什么要考大学？即使去了大学，我的未来就一定会好吗？"这些困惑和迷茫让孩子感到无所适从，进一步加剧了他们在时间管理上的混乱。

我们还应该注意到，高中阶段的孩子正处于人生的关键时期，他们开始思考自己的身份、未来和目标。这是一个充满哲学性的思考过程，每个孩子都会经历。然而，对于那些在时间管理上存在问题的孩子来说，这种思考可能变得更加复杂和困难。

当然，我们不能忽视电子产品对孩子时间管理的影响。现在的孩子普遍喜欢玩手机，尤其是在周末或放假的时候。

他们可能会沉迷于电子产品，与同学一起玩游戏、刷视频等。这种沉迷不仅会影响他们的学习和生活，还可能导致他们在人际关系上出现问题。因此，父母和老师需要关注孩子的电子产品使用情况，引导他们合理利用时间，避免沉迷其中。

第二个案例，说的是生活习惯一团糟，房间里乱得像个战场的孩子。古人言："一屋不扫何以扫天下"，这也是很多父母会跟我们提出的关于怎么平衡孩子的生活与时间的问题之一，在他们看来，孩子如果拥有良好的生活习惯，是不是更容易平衡自己的生活和时间管理呢？

这个状况背后隐藏着什么原因呢？我想说的是，这肯定跟孩子没有养成良好的生活习惯有关。有些父母，总爱帮孩子做这做那，觉得孩子这也做不好，那也做不好。

我记得有个孩子曾经跟我分享他的经历，他说："小时候我特别勤快，总想着帮爸爸妈妈干点家务活。可是，每当我一动手，总是被批评说这儿没扫干净，那儿没整理好，玩具摆得到处都是。然后爸爸妈妈就一边念叨一边帮我收拾。说实话，我心里挺难受的。你们要么就让我走开别管，要么就让我收拾，然后给我点肯定和鼓励也行啊。可是都没有，反而就是一边唠叨一边收拾。后来我就学会了，反正我做不好，你们就自己收拾吧。"

所以，这就是问题所在。父母一直在帮孩子做事情，一直在协助孩子，结果呢，孩子完全没有机会养成良好的生活习惯。

再来说说第二个原因，我觉得这主要是孩子的一种心理对抗。作为高中生，他们都挺清楚自己哪方面比不上别人，当父母反复在他们耳边唠叨、啰唆的时候，他们肯定会觉得特别烦躁。

在这种烦躁的情绪下，无论是生活还是学习，或者是其他方面，他们都会觉得不舒服、不自在，于是，他们就会用对抗的方式来应对。

你知道吗，到了高中阶段，孩子们一般都长高了，他们会觉得自己终于可以和爸爸妈妈"平起平坐"了，所以，这个阶段的孩子对抗心理会比较明显。

那么，为什么孩子不收拾自己的房间呢？还有一个原因，就是他们可能觉得自己的东西摆在自己喜欢的位置就好，哪怕看起来乱糟糟的，只有他们自己能够找得到想要的东西。如果这个时候父母去帮他收拾东西，他很有可能会生气，甚至会大声说："谁让你们帮我收拾的？我自己收拾得好好的，你们一来就给我搞得乱七八糟，我的东西又找不到了！"然后因为找不到东西，情绪就会变得更加烦躁。

所以，这三个原因加起来，就可能导致高中阶段的孩子既不去管理自己的生活，也没有时间观念。他们可能觉得，反正有父母在呢，他们会帮我收拾、会帮我安排。这样一来，孩子就失去了自我管理和时间管理的能力。

我觉得，作为父母，我们应该适当地放手，让孩子学会自己管理自己的生活和学习，这样，他们才能更好地成长和发展。

高中阶段，是孩子们学业压力增大、生活节奏加快的关键时期。作为父母，我们如何协助孩子在这段时期平衡学习、休息与娱乐，实现时间的合理分配呢？

1. 时间表的制订和应用

第一步，制订时间表。注意这个方法里的第一步是制订时间表，让孩子成为时间的主人。

高中阶段，孩子们逐渐有了自己的思考和判断能力，我们可以鼓励他们制订属于自己的时间表。与孩子一起坐下来，倾听他们对于时间安排的想法和期望。然后，引导他们思考如何合理分配学习、休息和娱乐的时间，确保每一项活动都能得到充分的重视。

制订时间表的好处在于，它能够帮助孩子建立起规律的生活习惯，减少拖延和浪费时间的现象。此外，通过制订时间表，孩子们还能够更好地掌控自己的学习和生活节奏，提高自我管理能力。

为了让孩子更好地理解制订时间表的重要性，我们可以向他们讲述一些名人或优秀学生如何规划自己的时间的例子。同时，也可以引导孩子关注一些他们喜欢的明星或偶像，了解他们是如何平衡工作、学习和生活的，从而激发孩子制订时间表的积极性。

第二步，适时监督与引导，确保时间表的执行。制订时间表只是第一步，更重要的是要确保孩子能够按照时间表来执行。在这个过程中，父母的监督和引导起着至关重要的作用。

我们可以定期检查孩子的时间表执行情况，了解他们在执行过程中遇到的困难和问题，并给予及时的帮助和指导。同时，也要鼓励孩子坚持执行时间表，让他们逐渐养成良好的生活习惯和时间管理能力。

此外，我们还要关注孩子的心理状态，及时发现并解决他们的压力和焦虑问题。通过与孩子沟通和交流，我们可以了解他们的内心想法和需求，从而给予更加精准的帮助和支持。

第三步，灵活调整与优化，让时间表更贴近孩子的生活。虽然制订时间表是一个很好的方法，但我们也要意识到，生活总是充满了变数，因此，在执行时间表的过程中，我们也需要根据孩子的实际情况进行灵活调整和优化。

当孩子遇到特殊情况或突发事件时，我们可以与他们一起讨论如何调整时间表，确保他们的生活和学习不会受到太大的影响。同时，我们也要鼓励孩子学会适应变化，提高他们的应变能力和适应能力。

2.学会拒绝孩子的请求和学习逐渐放手

这并不意味着让孩子变得冷漠和孤僻，而是要让他们明白，在有限的时间和精力下，如何做出对自己最有利的选择。

例如，在面对手机等电子产品的诱惑时，孩子可能会沉迷于其中无法自拔。这时，父母需要坚定地告诉孩子，过度使用手机会影响学习和生活，并引导他们合理使用时间。同时，父母也要学会拒绝过度干预，给孩子足够的自主权和空间，让他们学会自我管理和自我约束。

在这个过程当中，父母要学会看得惯。当孩子的房间凌乱不堪，衣服堆积如山时，我们不必立即上前收拾，可以尝试让孩子自己去面对这些问题，当他们发现没有干净的衣服可穿时，自然会主动去整理。这样的做法不仅能培养孩子的自理能力，还能让他们学会为自己的行为负责。

父母要充分信任孩子。我们往往希望孩子能够按照我们的期望去成长，但往往忽略了他们自己的意愿和能力。在高中阶段，孩子已经具备了一定的自我认知和判断能力，我们应该相信，他们能够做好自己的规划和管理。当我们把任务交给孩子时，要给予他们足够的支持和鼓励，而不是一味地挑剔和指责，这样孩子才能更加自信地面对学习和生活中的挑战。

我们也要学会倾听孩子的心声。高中生的内心世界往往复杂而敏感，他们可能会有很多困惑和烦恼需要倾诉。作为父母，我们要耐心地倾听他们的诉说，理解他们的需求和困扰。在倾听的过程中，我们可以适当地给予一些建议和指导，但更多的时候，我们要学会适当放手让孩子自己去思考和解决问题。

我们需要明确一点：父母永远无法替代孩子去面对生活中的挑战和困难，更没有办法天天跟在他的后面协助他做好时间管理。因此，我们要学会适度放手，让孩子在成长的过程中逐渐学会独立和自主。这并不意味着我们要对孩子放任自流，而是要在关键时刻给予他们必要的支持和引导，只有这样，孩子才能在高中这个关键阶段实现真正的成长和进步。

3.积极倾听与尊重选择

在孩子的成长过程中，积极倾听他们的心声并尊重他们的选择，对于培养他们良好的平衡与时间管理能力至关重要。

积极倾听是建立亲子关系、促进沟通的关键。在高中阶段，孩子们面临诸多挑战和压力，他们渴望有人能够理解他们、支持他们。作为父母，我们应该成为孩子们最信赖的倾听者，耐心倾听他们的想法、感受和需求。通过倾听，我们可以更深入地了解孩子内心的想法，及时发现他们可能遇到的问题，从而给予更准确的指导和帮助。

尊重选择是培养孩子自主性和责任感的重要途径，孩子们需要学会自己安排时间、处理事务，这对于他们未来的成长至关重要。

因此，父母应该尊重孩子的选择，给予他们一定的自主权和决策权。当孩子遇到问题时，我们可以引导他们思考、分析，然后让他们自己做出决定。这样，孩子不仅能够锻炼自己的独立思考能力，还能够学会为自己的选择负责。

当然，尊重选择并不意味着放任孩子。作为父母，我们仍然需要给予孩子必要的引导和监督，确保他们的选择符合自己的价值观和发展方向。

我们也要教会孩子如何权衡利弊、做出明智的决策，这样他们才能更好地应对高中生活中的各种挑战。在做好高中生活平衡和时间管理上，孩子逐渐能做出自我的选择。

4. 引导与监督

这主要涉及如何协助孩子制订并遵循合理的计划。作为父母，我们都希望孩子能够高效地利用时间，但同时，我们也应该明白，真正的计划应该源自孩子内心的需求与期望。

我曾经听到过这样一个例子，有一对父母要求他们的孩子制订一份详细的学习计划，从早上6：30到晚上11点，每个时间段都安排得满满当当。

然而，当我询问孩子是否能做到时，他无奈地摇了摇头。他告诉我，这份计划更多的是为了迎合父母的期望，而不是他真正想要的生活。因此我们在引导孩子制订计划时，应该鼓励他们表达自己的想法和需求，确保计划既符合学习要求，又能满足他们的个人兴趣和发展。

同时，作为高中生的父母，我们也应该学会适当地放手。孩子已经逐渐长大，他们有能力去管理自己的生活和学习。我们应该给予他们足够的信任和空间，让他们在实践中学会如何平衡学习与休息、兴趣与责任。

我还想强调一点，那就是保持身心健康的重要性。一个身心健康的孩子，无论在学习还是生活中，都会表现出更加积极、乐观的态度。因此，我们应该关注孩子的饮食、作息和运动情况，确保他们有足够的营养和休息，同时鼓励他们进行适当的体育锻炼，以增强体质和缓解学习压力。

在饮食方面，我们不应该过分追求营养补充或限制孩子的饮食。每个孩子都有自己的饮食习惯和喜好，我们应该尊重并理解他们的选择，同时给予适当的引导和建议。

在作息方面，我们应该帮助孩子建立规律的作息时间表，确保他们有充足的睡眠和休息时间。

在运动方面，我们可以鼓励孩子参加一些体育活动或课外运动，以增强身体素质和缓解学习压力。

最后，我想总结一下这部分内容的核心要点。无论是生活还是学习，平衡都是至关重要的。我们应该引导孩子学会平衡自己的兴趣与责任、学习与休息，以提升自己的生活质量。

同时，我们也应该尊重孩子的个性和需求，帮助他们找到适合自己的平衡之道。只有这样，我们才能让孩子在高中阶段健康、快乐地成长，并为未来的生活奠定坚实的基础。

作为父母，我们的角色是引导者和支持者，而不是命令者和控制者。我们应该给予孩子足够的自由和空间去探索和发现自我，同时要在他们需要帮助时给予及时的指导和支持。相信在我们的共同努力下，孩子们一定能够找到属于自己的生活平衡和时间管理之道，迎接更加美好的未来。

陪伴孩子度过青春期情感变化期

我们都知道，高中阶段是孩子情感发生显著变化的时期，这是非常自然且正常的现象。然而，许多父母在面对孩子的情感变化时，特别是担心早恋等问题时，可能会感到焦虑和困惑。他们担心孩子如果过早涉入恋爱，是否会做出越界的行为，从而引发一系列的问题。

实际上，这些情感变化与孩子的生理和情感发展密切相关。为了更好地理解和应对孩子的情感变化，我们需要深入了解其背后的原因和机理。

曾老师将从三个方面为大家深入剖析这一问题。

首先，我们将通过讲述一些高中生情感变化的小故事，来感受孩子们在这一阶段所经历的内心波动。

其次，我们将结合这些小故事，分析孩子们情感变化的原因，从而帮助父母们更好地理解孩子的内心世界。

最后，我们将探讨父母如何协助高中生度过情感变化期，提供一些实用的方法和建议，以帮助父母们更好地陪伴孩子度过青春期。

有一个高中生，他在高中阶段的情感与情绪变化尤为显著。他对于独立自主的渴望日益强烈，同时对于被误解和冤枉的容忍度却越来越低。每当父母试图对他进行管教或提出批评时，他总会表现出极大的反感和抵触情绪。

一天晚上，父母因为发现他又在玩手机而责备他，认为他没有将心思放在学习上。这种责备触动了他内心那根敏感的神经，他感到自己被冤枉了，情绪瞬间变得激动起来。他试图向父母解释，但父母却未能理解他的立场和感受，反而认为他在狡辩。这时，他的情绪已经完全失控，开始与父母发生激烈的争吵。争吵很快升级为肢体冲突，整个家里充满了紧张和冲突的气氛。最终，这场冲突在邻居的报警声和警察的到来中才得以平息。

在这场冲突中，他的情感变化表现得尤为明显。他渴望得到父母的理解和尊重，希望他们能够给予自己更多的自主权和信任。然而，父母的责备和误解却让他感到无助和愤怒，他觉得自己被冤枉了，没有得到应有的尊重和支持。

对于父母而言，他们可能并没有意识到孩子的情感需求已经发生了如此大的变化。他们仍然以过去的方式对待孩子，希望孩子能够按照他们的期望去成长和学习，然而，这种期望与现实之间的落差却导致了亲子关系的紧张和冲突。

从这个案例中，我们可以看到情感变化和情绪变化的区别。情感是一种更为持久和稳定的内心体验，它涉及对于自我、他人和世界的认知和评价；而情绪则是一种短暂而强烈的心理反应，它通常是由特定的刺激或事件所引发的。在这个高中生的案例中，他的情感变化表现为对于独立和尊重的渴望，而他的情绪变化则表现为愤怒和激动。

因此，对于家长而言，理解和适应孩子的情感变化是建立良好亲子关系的关键。家长需要更加关注孩子的内心需求和感受，尊重孩子的独立性和自主权，给予他们足够的支持和鼓励，同时，也需要学会控制自己的情绪，避免因为一时的冲动而破坏亲子关系。

对于孩子而言，学会表达和控制自己的情绪也是非常重要的。他们需要学会用更加成熟和理性的方式来表达自己的不满和诉求，避免因为情绪失控而做出过激的行为，同时，也需要学会理解和接受父母的关心和教导，尽管有时父母的表达方式可能并不尽如人意。

还有一个高中生，作为家中的一员，同时还是一个孩子，一个正在成长中的少年。然而，他时常被莫名的烦躁情绪所困扰，无法静下心来专注于学习。这种情感变化不仅影响他个人的学习和生活，也给家庭带来了一定的压力。

面对孩子的烦躁情绪，家长尝试了一种简单而有效的方法：让孩子在烦躁时画圈圈。通过这种方式，孩子得以用视觉的方式表达自己的情感状态，而家长也得以通过孩子的作品了解他的内心世界。当我们翻开孩子的作业本，一页页地浏览过去，我们不难发现，这个孩子似乎每天都沉浸在烦躁之中。他上课时无法集中注意力，只能在作业本上不断地画圈圈来宣泄情感。

通过进一步观察和分析，我们发现这个孩子可能正经历着情感起伏的困扰。由于年龄的增长和环境的变化，他面临越来越多的压力和挑战。这些压力可能来自学业、家庭、社交等各个方面，导致他内心充满了焦虑。同时，他的心思也比较敏感，容易受到外界因素的影响，从而产生情绪波动。

为了应对这种情感变化，孩子试图通过找事情做来转移注意力，但往往效果不佳。他仍然无法静下心来，反而更加烦躁不安，这种情绪状态不仅影响他的学习和生活，也让他与家人之间的关系变得紧张。

我们需要认识到，这个阶段的孩子正处于身心发展的关键时期。他们的身体在发育，心理也在同步成长。在这个过程中，情感变化是不可避免的。作为家长，我们需要更加理解和包容孩子的情感变化，给予他们足够的支持和关爱。

同时，我们也应该引导孩子学会正确面对和处理情感问题。例如，可以教他们通过运动、音乐、绘画等方式来宣泄情感；或者与他们进行深入的沟通，了解他们的想法和需求，帮助他们建立积极的情感表达方式。

在高中阶段，孩子们经历着前所未有的身心变化，这些变化不仅体现在生理上，更深刻地影响着他们的情感世界。在这一时期，孩子们面临多方面的挑战，其中生理和学业方面的冲击尤为显著。

从生理角度来看，高中生的身体正在迅速发育。他们的身高不断增长，体型逐渐成熟，性特征也日益明显。这种生理变化使得孩子们开始意识到自己逐渐接近成年人，从而产生了强烈的自我认知。然而，这种认知并不总是稳定的，它可能会因为身体的变化而波动，进而影响孩子们的情感状态。

在学业方面，高中生活同样充满了挑战。随着课程难度的增加和学习压力的增大，孩子们可能会感到焦虑、不安或失落。他们可能会因为一次考试的失败而情绪低落，也可能会因为对未来的不确定性而感到迷茫。这些学业上的压力不仅影响了孩子们的学习效果，更对他们的情感状态产生了深远的影响。

为了更具体地说明这些冲击，我想分享一个真实的案例。

有一位高中生，他平时性格内向，不善于表达自己的情感。然而，在高中阶段，他的身体发生了巨大的变化，他迅速长高，体型也变得健壮。

这种变化让他开始意识到自己不再是那个小孩子了，他开始渴望独立和自主。然而，与此同时，学业的压力也让他感到喘不过气来。

他担心自己的成绩不够好，无法进入理想的大学，这种担忧让他变得焦虑不安。在一次重要的考试中，他因为过度紧张而发挥失常，成绩远远低于预期。这次失败让他倍感失落，他开始怀疑自己的能力，甚至产生了放弃的念头。

幸运的是，孩子的父母及时发现了他的情绪变化，并给予了他足够的支持和关爱。他们鼓励他不要过分在意一次考试的成败，要相信自己有能力克服困难。

在父母的鼓励下，这个孩子逐渐走出了低谷，重新找回了自信。他开始更加努力地学习，积极参加课外活动，逐渐适应了高中阶段的生活。

高中生的情感变化是复杂，他受到多方面因素的影响。作为家长，我们需要密切关注孩子的情感变化，给予他们足够的关爱和支持。

同时，我们也需要引导孩子正确面对挑战和压力，帮助他们建立积极健康的心态和生活方式。只有这样，我们才能陪伴孩子顺利度过这个充满挑战和机遇的高中阶段。

我们不得不提到的是学业压力。许多家长在孩子初中阶段时，常常鼓励他们"加油""努力"，告诉他们只要考上高中就会轻松一些。然而，当孩子们真正踏入高中校园时，他们发现现实并非如此，高中课程的深度和广度都远超初中，学业压力也随之剧增。这种落差导致许多孩子心态崩溃，产生焦虑不安的情绪。

此外，高中阶段的孩子在情绪波动方面也容易出问题。他们可能因为一点小事就大发雷霆，与同学发生冲突甚至打架。家长在面对这种情况时，往往感到无奈和困惑，他们不明白为什么孩子总是控制不住自己的情绪和脾气。其实，这与孩子在这个阶段的心理特征发育有关。他们正处于青春期，荷尔蒙的变化使他们的情绪波动变得异常剧烈。

荷尔蒙对于孩子们的情绪影响是巨大的。青春期是荷尔蒙爆发的一个时期，它会影响孩子的情绪稳定性。荷尔蒙的变化可能导致孩子变得敏感、冲动，甚至对别人的话语产生过度解读。就像我经常跟我的孩子们聊天时，他们会告诉我，我无意中说的一句话，他们可能会在脑海中演绎出一部电视剧。这就是荷尔蒙变化对情感表达方式的影响。

因此，作为家长和老师，我们需要更加关注高中阶段孩子的情感问题。我们要理解他们面临的压力和挑战，给予他们足够的支持和理解。同时，我们也要帮助他们学会管理自己的情绪，处理与同学之间的关系。

在这个过程中，沟通是非常重要的。我们要多和孩子交流，了解他们的想法和感受。我们要鼓励他们表达自己的情绪和需求，帮助他们建立积极的情感表达和应对策略。

在青春期的旅途中，高中生们面临诸多挑战，其中最为显著的便是自我认知与身份的探索。这一阶段的他们，正处于自我意识的觉醒与成长的交汇点，对于自我形象的认知与接受，成了一个重要的课题。

我们不得不提及的是容貌焦虑。如今，许多高中生对自己的外貌产生了种种担忧，脸上的痘痘、斑点，或是身材的胖瘦，都成为他们关注的焦点。这种焦虑不仅影响了他们的自我认知，更在一定程度上影响了他们的情绪与自信。为了缓解这种焦虑，他们可能会采取各种方式，如节食减肥、治疗皮肤问题等，以期达到自己心目中的理想形象。

与此同时，身份探索的挑战也同样存在。高中生开始思考自己的身份认同，他们会提出诸如"我是谁""我要到哪里去""我要做什么"等哲学性的问题。在这个过程中，他们也会探索自己的价值观，并可能因此产生一些冲突。当他们的价值观与主流社会的价值观产生差异时，他们可能会对自己产生疑虑，甚至质疑自己的独特性。

社交关系与情感需求的调整也是高中生面临的另一大挑战。随着社交圈子的扩大，他们开始更加注重人际关系的维护，然而，这也意味着他们在面对人际关系的变动时，更容易受到伤害。例如，同学之间的流言蜚语、背后议论等行为，都可能对他们的情感造成负面影响，他会觉得自己多疑、敏感，随时都觉得会被他人嫌弃。

因此，当我们看到高中生在这些方面发生变化时，应该给予他们更多的理解和支持。他们情绪的波动、情感需求的变化，都是成长过程中的必然现象。我们应该尊重他们的个性差异，帮助他们建立积极的自我认知与身份认同，同时引导他们正确处理人际关系，培养健康的情感需求。

这个阶段的孩子们开始关注自己的外貌和形象，同时开始注意身边的同学和异性。他们可能会因为对异性的好奇和欣赏而产生早恋的倾向，这种生理上的变化会直接影响他们的情感状态和行为表现。

从心理角度来看，高中生的心理发展尚不成熟，他们可能缺乏足够的情感处理能力和沟通技巧。在面对喜欢的人时，他们可能不知道如何正确地表达自己的情感，或者如何与对方建立良好的沟通关系。这种情况下，他们可能会采取一些过于直接或冲动的方式来表达自己的感情，从而给对方带来困扰或造成不必要的误解。

此外，高中生的情绪状态也容易受到外界因素的影响。他们可能会因为学习压力、人际关系、家庭环境等多种因素而感到焦虑、抑郁或烦躁。这些负面情绪可能会使他们对情感问题更加敏感和脆弱，甚至可能导致一些极端的行为。

最后，生活环境也是影响高中生情感问题的一个重要因素。家庭氛围、学校环境以及社交圈子等都会对孩子的情感状态产生影响。例如，家庭关系紧张或缺乏关爱可能会使孩子感到孤独和无助；学校环境压抑或竞争激烈可能会使孩子感到压力和疲惫；社交圈子复杂或不良朋友的影响也可能会使孩子产生不良的情感倾向。

综上所述，作为家长，我们需要多方面多维度地去看待这些问题，以便更好地理解和应对孩子的情感变化。

在面对高中生身心变化的重要时期，作为父母，我们肩负着协助他们平稳过渡的重要责任。这一时期的青少年正处于情感波动大、自我意识觉醒的阶段，因此，我们需要以更加细致入微的方式与他们进行沟通和交流。

首先，沟通是建立亲子关系的关键。与高中生沟通时，我们要努力营造一个开放且充满信任的环境，让孩子感受到家是一个可以畅所欲言的地方。我们要给予孩子足够的表达空间，耐心倾听他们的心声，了解他们的想法和感受。在这个过程中，我们要特别关注孩子的自我表达欲望，因为他们非常在乎自己的想法是否被看见和认可。

有些家长可能会感到困惑，不知道该如何与孩子沟通。有时候，问多了孩子会反感，不问又怕孩子觉得被忽视。其实，在这个阶段，我们可以更多地让孩子来主导沟通。当他们愿意分享时，我们要给予积极的反馈和肯定，让孩子感受到被理解和被重视。例如，当孩子描述自己的经历或想法时，我们可以说："原来你不说我都不知道，你的想法很有见地。"这样的话语能够让孩子更加愿意敞开心扉。

除积极沟通外，我们还要尊重孩子的隐私。高中阶段的孩子开始有自己的秘密和成长空间，他们需要一片属于自己的天地。因此，我们不应该偷看孩子的日记或微信聊天记录等私人信息。这样的行为不仅会破坏亲子关系，还会让孩子感到不被信任。我们要相信孩子，给予他们足够的自由和空间去成长。

当然，尊重隐私并不意味着放任自流。我们还要关注孩子的情绪变化和心理健康，及时发现并解决问题。如果孩子遇到困惑或烦恼，我们可以主动询问并提供帮助和建议。但在这个过程中，我们仍然要尊重孩子的意愿和选择，不要强迫他们接受我们的观点或做法。

关于高中生情感变化的第二个建议，我想强调的是，冲突的存在并不可怕，关键在于我们如何合理解决冲突，并且在这个过程中，父母的情绪稳定至关重要。

在高中阶段，孩子正处于身心发展的关键时期，他们的情感波动较大，对外部世界的认知也在逐渐深化。因此，与父母的冲突和矛盾也难免会发生，作为父母，我们需要明白，冲突本身并不是问题，问题在于我们如何对待和解决这些冲突。

我们要意识到，情绪的稳定是解决冲突的前提。很多父母在孩子进入高中后，由于自身压力和焦虑的增加，情绪变得不稳定，容易对孩子发火或采取过激的行为。这种做法不仅无助于解决问题，反而可能加剧矛盾，让孩子感到更加无助和困惑。因此，父母需要学会控制自己的情绪，保持冷静和理智，以便更好地应对孩子的情感变化。

我们还要以解决问题为目标，而不是简单地发泄情绪。当孩子出现问题或犯错误时，父母应该耐心倾听孩子的想法和感受，了解他们的真实需求。在此基础上，我们可以与孩子一起探讨解决问题的方法，引导他们学会独立思考和解决问题的能力。这样的处理方式不仅能够解决当前的问题，还能够培养孩子的责任感和自主性。

我们要始终把关系放在第一位。良好的亲子关系是解决问题的基础和保障。在解决冲突的过程中，我们应该注重维护彼此之间的信任和尊重，以建立更加稳固的亲子关系。同时，我们也要学会向孩子道歉和表达爱意，让他们感受到父母的关爱和支持。

在高中这个特殊的人生阶段，孩子们面临身体和心理的双重变化，其中最为核心的是他们情感的波动和转变。为了更好地理解和陪伴他们，我们需要学会读懂高中生。

读懂高中生意味着我们需要深入了解他们的心理和情绪。这并不仅是对他们的外在表现进行观察和解读，更重要的是能够深入他们的内心世界，了解他们真实的需求和感受。只有当我们真正理解了他们的情感和思想，才能建立起有效的沟通桥梁，帮助他们更好地应对生活中的挑战。

在沟通过程中，我们需要遵循一些基本原则。

首先，不打断孩子的发言。当孩子向我们倾诉时，我们应该给予他们充分的表达空间，让他们能够完整地表达自己的想法和感受。

其次，不轻易评价孩子的言行。我们的评价可能会对孩子的自尊心和自信心造成负面影响，因此我们应该尽量避免过早下结论或给出建议。

最后，避免先入为主地预设孩子的想法和感受。每个孩子都是独特的个体，他们的想法和感受也会因人而异，因此，我们需要以开放的心态去倾听和理解他们。

当然，高中生的心理变化是复杂多样的，他们的情感波动也会随着时间和环境的变化而发生变化。因此，我们需要保持敏锐的洞察力，时刻关注孩子的情感变化，并适时给予他们必要的支持和引导。

在这个过程中，我们需要学会综合分析孩子的成长经历和情感变化。通过回顾孩子的成长历程，我们可以更好地理解他们当前的情感状态和行为表现。

同时，我们也需要关注孩子的成长趋势，看看他们是否在某些方面取得了进步或遇到了困难。这样，我们才能更准确地把握孩子的心理变化，为他们提供更有针对性的帮助。

情绪起伏在青春期的高中生当中是非常正常的现象。我再次强调，作为父母，我们的情绪需要保持稳定。正如我之前所举的例子，如果父亲没有控制好自己的情绪，与孩子发生冲突，那么这样的冲突真的能解决问题吗？更糟糕的是，有些孩子可能会在情绪的驱使下做出一些极端或不可逆转的事情。最终，为此感到后悔的往往是我们这些父母。

因此，我们需要认识到，有情绪并不可怕，关键在于如何学会处理情绪。我们应该从多个角度去理解和读懂孩子，同时要让孩子知道，父母是他们最坚实的后盾。高中生的情绪起伏是正常的，回想一下我们自己的高中时代，是否也有过情绪起伏、与父母发生冲突或情绪低落的时候呢？

当我们体验到这些情绪时，可以尝试去复盘自己的情绪过程，这有助于我们更快地平静下来。此外，很多父母习惯于以高高在上的姿态指挥孩子，但这对于青春期的孩子来说并不适用。他们渴望自己做决定、自主行动，并希望得到自己想要的成果，如果父母在这个阶段过多地干预孩子的决定和决策，可能会对他们造成干扰。

因此，我们需要从心理上让孩子成为一个真正的"大人"，让他们自己做决定、认知和管理自己的情绪，并找到适合自己的情绪释放方式。同时，父母也应该在情绪方面为孩子做出良好的示范，帮助他们更平稳地度过这个阶段。

生理和情感的变化在青春期都是非常重要的，但这并不可怕。只要我们能够以开放、理解和支持的态度去对待孩子，帮助他们学会处理情绪和面对挑战，他们就能够健康、快乐地成长。

最后，在处理高中生的情感变化时，我们确实需要给予特别的关注和指导。这是因为这个阶段的孩子正处于青春期的关键时期，他们的身心都在发生巨大的变化，特别是在情感方面。因此，我们需要认真倾听他们的心声，理解他们的困惑和挣扎，并给予适当的建议和支持。

我们要关注孩子未来的成长方向。这不仅是关注他们的学习成绩，更重要的是关注他们的品格塑造和情感发展。我们要思考，这个孩子在未来会成为什么样的人？他是否有足够的情感智慧去面对生活中的挑战和困难？

当孩子遇到早恋等情感问题时，我们不能简单地采取打压或禁止的方式。相反，我们应该耐心地与孩子进行沟通，引导他们理解什么是喜欢、什么是欣赏、什么是爱。我们可以通过生活中的例子，帮助他们区分这些情感之间的细微差别。

当孩子表达出对某个人的好感时，我们可以告诉他们，欣赏只是基于外表或某些表面特征的喜爱；而喜欢则更深入一层，涉及对对方性格、行为等方面的认同和欣赏；至于爱，则是一种更深层次的情感，涉及责任、承诺和长久的陪伴。通过这样的讲解，孩子们会逐渐明白自己的情感定位，从而做出更加明智的选择。

此外，我们还要学会倾听和理解孩子的情感需求。高中阶段的孩子正处于情感需求强烈的时期，他们渴望被理解、被关心、被支持，因此，我们要给予他们足够的关注和陪伴，让他们感受到我们的支持和关爱。

最后，我们要陪伴孩子走过这个重要的成长阶段。高中阶段是孩子人生中的一个关键时期，他们的情感变化和成长都需要我们的陪伴和引导，我们要珍惜这段时间，与孩子共同成长，为他们的未来打下坚实的基础。